大夏书系·吴正宪教育教学文丛

Wu Zhengxian Da Xiaoxue Shuxue Jiaoxue 50 wen

吴正宪答小学数学教学50问

吴正宪 刘延革 等 ◎ 编著

华东师范大学出版社
ECNUP
全国百佳图书出版单位

吴正宪教育教学文丛

主　编：吴正宪　刘延革

副主编：王　薏　王来田

编　委（按姓氏笔画排序）：

于　萍　文　静　朱　洁　刘文波　吕志新

孙雪娜　张　晶　张　蕾　张冬梅　宋怀海

吴桂菊　张雁封　李燕红　宋燕晖　周冬梅

赵丽娜　耿　聪　赖琪雯

写在前面的话
Introduction

2011 年 12 月 28 日，教育部公布了《义务教育数学课程标准（2011 年版）》（以下简称"新课标"）。"新课标"的核心理念是让每一个学生获得良好的数学教育。课程目标从之前的"双基"变为"四基"，学生能力从"两能"变为了"四能"，如何落实"新课标"提出的"四基"与"四能"，让学生有实际收获？虽然"新课标"中有重要阐释，专家也有深刻解读，但是一线教师在课堂实践过程中还有很多困惑。

在我和工作站中的队员进行"小学数学教师远程研修热点问题答疑"的过程中，无论是网络留言还是现场答疑，老师们提出了一些普遍关注和困惑的问题。比如："学生在入学时的起点不同，如何面对学生的差异和零起点教学的问题？""在教学方程时，学生不愿意用方程，应如何培养学生用方程的意识？""如何整体把握教材？""如何做一个有温度的教师？""如何在每一节课中提升学生的核心素养？"……这些问题既涉及理念，也涉及具体教学，都是教师在教学中不可回避的问题。

走进一线教师的课堂，课标理念和课堂实践也时常出现偏差，感受到了老师们的真切需求，我和团队队员陷入了思考，萌发了把问题归总并提出具体建议的想法。希望通过我们对问题的解答能够真正帮助老师们更好地理解课标，找准角色定位。

起初，老师们提出的问题纷繁复杂，我和团队的老师们对问题进行分类与整理，汇总了最初的100个问题。之后我们又分组对不同的问题进行了合并与筛选，多次召开了问题研讨会议，最终聚焦本书这50个核心的问题。之后，老师们又开始查阅大量的资料，借鉴专家的观点，寻找解决问题的途径与办法。在团队交流的基础上，老师们结合自己在教学中所积累的教学经验，从"教材、学生、教学方式"这三个方面，结合精彩、典型的片段式案例，对方法与观点进行了说明，对问题进行了分类回答。

其中，在"把握教材"部分，本书主要从分析教材的角度，针对教师在理解教材的重点内容中产生的困惑进行了解答，如方程、解决问题、估算、除法性质、可能性等。同时对于教材的整合、教材新增内容的处理等进行了分析。

在"了解学生"部分，本书主要从分析学生的角度，针对如何培养学生习惯和提高学生能力这两方面的困惑进行了解答，如检查习惯、审题习惯、倾听习惯，解决问题的能力、数学语言表达的能力、知识整理的能力等。

在"选择教学方式"部分，本书主要从教师的角度，针对教师在课堂教学中遇到的教学方式、方法的困惑进行了解答，如如何提高小组合作的实效性，如何引导学生发现、提出问题，如何帮助学生积累经验等。

在实践中尝试，在尝试中反思，在反思中提升，这就是教师专业化成长的过程，也是"实践—认识—再实践—再认识"这样一个循环往复的认识过程。问题的不断聚焦，案例的反复筛选，书稿框架的多次修正，就是实践再认识、再梳理的过程。人就是在不断否定自我中实现超越，进而获得成长的。

在书稿的撰写过程中，从问题的收集、讨论、修改，直至最后案例的精选，大家共同努力，最终呈现了本书的内容。我们力求将教学理论与实践融为一体，从当前教育改革的理念出发，紧密联系课堂实例，用课例诠释理念，让老师们在具体可感的案例中能感悟、能借鉴、能迁移。虽然想法可能还有些稚嫩，但我们在一路思考，一路前行。希望能给老师们带来对儿童数学教育的再思考，同时希望本书可以成为广大一线教师的良师益友。

吴正宪

目 录 CONTENTS

第一辑　如何把握教材

003　1. 一线教师一定要读"新课标"吗？

006　2. 如何把握不同学段的教学目标？

013　3. 如何确定教学重点和难点？

018　4. 如何更好地整合教材提高课堂实效？

023　5. 教材中例题和练习题为什么不"对应"？

028　6. 每一个知识点的教学都要和生活实际联系吗？

031　7. 学生都会认数、写数了，我们还教什么？

035　8. 口诀能不能改变一下学习顺序？

039　9. 在低年级如何渗透数学思想方法？

044　10. "可能性"教学中如何看待实验？

048　11. 在解决问题中"回顾与反思"环节的教学意图是什么？

053　12. 如何实现"数学广角"类内容的教育价值？

057　13. 小学阶段的简易方程教学应注意什么？

061　14. 小学数学教学中典型的数量关系模型有哪些？

065　15. 如何培养学生用方程解决问题的意识？

069　16. 估算教学的价值是什么？

073　17. 综合与实践活动的内涵是什么？

076　18. 教材中综合与实践内容如何实施？

079　19. 如何培养学生的数感？

082　20. 如何培养学生的空间观念？

086　21. 如何培养学生的数据分析观念？

第二辑　如何了解学生

093　22. 研究学生的意义是什么？

098　23. 如何作好学前调研？

103　24. 如何提高学困生学习数学的兴趣？

106　25. 如何应对学生的个体差异问题？

111　26. 如何培养孩子的表达习惯？

115　27. 小学一年级如何培养学生检查的习惯？

118　28. 小学一年级如何培养学生认真审题的习惯？

121　29. 在小学高段是否鼓励所有学生整理知识结构？

126　30. 学生缺乏生活经验导致解决问题的方法不足怎么办？

130　31. 学生不会倾听别人的发言怎么办？

133　32. 面对学生的"错题"教师该怎么办？

137　33. 学生为什么"不喜欢"估算？

第三辑　如何选择教学方式

143　34. 数学教学是否一定要创设现实情境？

146　35. 如何恰当制造学生的认知冲突？

150　36. 如何引导学生发现、提出问题？

156　37. 如何依据学情有效落实重难点？

159　38. 如何培养学生从复杂情境中读取信息的能力？

162   39. 数学教学中怎样培养学生多角度分析问题的能力？

167   40. 如何帮助学生提高计算的正确性？

171   41. 数学课如何吸引学生的注意力？

175   42. 问题解决教学的关键是什么？

179   43. 说起小数，学生就想到钱，教师该怎么办？

183   44. 学生画高错漏百出，如何突破教学难点？

188   45. 如何处理好多样化与优化的关系？

191   46. 如何合理地利用学生的生成？

196   47. 如何提高小组合作的实效性？

200   48. 如何帮助学生积累活动经验？

203   49. 所有的内容都适合自主探究吗？

207   50. 如何解决满足学生活动的需要与课堂时间有限之间的矛盾？

211   后　记

第一辑

如何把握教材

吴老师说

　　老师们，数学教材是依据数学课程标准编写的，每一个例题和习题的设计既是编者集体智慧的结晶，又是教学内容的主要载体。因此，读懂教材、理解教材是课堂教学开展的基础，教师只有准确理解编者的编排意图，深入挖掘教材的内涵和价值，才能科学、有效地组织教学活动，实现教学目标。而教材受其局限所呈现的是静态的文字，荷兰数学家弗莱登塔尔曾经说过："没有一种数学的思想，以它被发现时的那个样子公开发表出来。一个问题被解决后，相应地发展为一种形式化技巧，结果把求解过程丢在一边，使得火热的发明变成冰冷的美丽。"因此，他说："教材是教学法的颠倒。"而教师在使用教材的过程中，如何洞察冰冷文字背后的火热思考呢？这就要求教师们走进教材、读懂教材。

　　作为教师，读懂教材中的文字，是我们开启有效教学之旅的第一步。在与老师们的接触交流中，我们深深感受到老师对于读懂、理解教材，存在一些困惑与困难。如：面对教材"螺旋上升"编排的原则，老师提出"如何把握不同学段的教学目标？""教材中例题和练习题为什么不'对应'？""综合与实践活动的内涵是什么？"等问题。这些问题直指对教材的读懂与理解，不解决这些问题，势必很难开展有效的教学活动。为了使老师们能够尽快摆脱这些困惑，我们将来自广大一线教师的问题进行了梳理，最后聚焦在大家普遍关注的二十余个问题上，试图通过鲜活的案例作出解释与回答，以期对一线教师有所帮助。

1. 一线教师一定要读"新课标"吗?

在平时的教学中,一些老师觉得教材很有用,教材为课堂教学提供了可操作的素材,能够看得见、摸得着、有抓手。而"新课标"阐述的是理念方面总体的教学建议,离实际教学很远,不能直接指导具体内容的教学,于是他们不关注对"新课标"的学习与理解。其实,"新课标"是学科教学的指导性文件,是编写教材和进行教学的依据,研读"新课标"是读懂教材的重要前提。

例如,人教版三年级下册《解决问题》:

每个方阵有108名学生,3个方阵共有多少名学生?

例题呈现的是同学们做操的场景，共有 3 个方阵。每个方阵一行 10 人，共有 8 行。通过小精灵的话提出问题：3 个方阵一共有多少人？

教学中，一位教师并没有用教材中的例题，而是自己改编了一道文字题出示在黑板上："三年级有 3 个班，每班 6 组，每组 5 人，三年级一共多少人？"然后让学生读题，自己尝试解决。接下来全班交流方法，总结一共有三种算法后，进入巩固练习。

课后采访该教师：为什么改变了教材中的例题内容？教师直率地说："我觉得教材上的图太难了，学生要看半天才能找到条件。我这个例题数据小，又不用学生找。学生可以马上明白题目的内容，很快就进行列式解决。这样我上课就可以多练几道题，课堂效率提高了。"

这个案例引发我们思考：课改后所说的解决问题是解决什么样的问题？学生在解决问题时要经历哪些过程？"新课标"中对"解决问题"这部分的要求是什么？

"新课标"对"解决问题"这部分内容的具体要求如下：

- 初步学会从数学的角度发现问题和提出问题，综合运用数学知识解决简单的实际问题，发展应用意识和实践能力。
- 获得分析问题和解决问题的一些基本方法，体验解决问题方法的多样性，发展创新意识。
- 学会与他人合作、交流。
- 初步形成评价与反思意识。

认真阅读"新课标"内容及其解读之后，不难发现新课程背景下的"解决问题"是让学生解决日常生活场景中的实际问题，而现实生活的实际问题又是复杂的、丰富多彩的。从解决问题的步骤来看，收集信息是解决问题的第一步。所以，新课程下"解决问题"的教学应该从收集信息、发现和提出问题开始。对照"新课标"中的要求，反观教材，教材中的例题很好地体现了课标的这些内容。通过观察图意，让学生经历从数学的角度发现信息、提出问题的过程（教师还可以动态使用教材，先出示 3 个方阵的画面，让学生观察信息，等学生提出问题后，再出示小精灵的话——"3 个方阵一共有多少人？"，验证学生提出的问题是否准确），接下来，让学生综合已有的知识尝试解决问题，然后交流解决问题的不同方法，在感受不同的问题解决策略的过程中，发展学生的创新意识。教材中的方阵图为不同算法提供了很好的模型支撑，让学生从不同角度体会、理解不同算法的道理。学生们在汇报中感受你有一种方法，我有一种方法，交流之后你我都有了不同的方法，从中体会同学之间合作、交流的价值。

　　案例中的授课教师，并没有理解教材的编排意图，单纯从客观上觉得学生看图寻找信息、提出问题的过程，太难了，太耽误时间了，所以直接呈现了一道条件、问题合适且对应教材例题的数学问题。这样的教学，只是让学生经历了用数学知识、方法求解的过程，而没有经历发现、提出问题与分析、解决问题的全过程。如果在了解"新课标"要求的基础上再去审视教材，教师们就会读懂教材编写的意图，就会在教学中更加关注学生的长远发展。

　　"新课标"是学科教学的指导性文件，是编写教材和进行教学的依据，它详细规定了课程的性质、任务、教学目的。如果教师不了解课程编写的理念，就无法正确地理解教材的编写意图，就无法在教学中实现"新课标"的要求，长此以往，课堂教学就可能偏离课程改革的方向，不能实现课程改革的美好初衷。看似离教师们很远的"新课标"就藏在每一个例题、每一个练习的背后，它应该展现在每一堂课的教学中。所以，深入学习"新课标"，从课程的理念上读懂教材的编写意图，把握教学的方向和目标，对于教师的教学工作有着重要的意义。

2. 如何把握不同学段的教学目标?

在日常教学中,教师们经常会遇到这样的问题:"三年级时学习了小数的加、减法,四年级再学,学生都会了,还教什么呢?""分数初步认识和分数意义的教学重点是什么?两次学习分数的联系与区别是什么?"……纵观小学数学教材,会发现许多数学学习主题在不同学段均有所体现,这是教材编写的整体性和螺旋上升的原则的具体表现。

案例 1:人教版三年级下册《认识小数》教学片段——认识 0.3 元

我身高1米3分米，需要买儿童票。

乘坐火车时购买儿童优惠票的相关规定

● 实名购票时，年满6周岁且未满14周岁的儿童，应当购买儿童优惠票。

● 非实名购票时，身高达到1.2米且不足1.5米的儿童，应当购买儿童优惠票。

小华身高1米3分米。只用"米"作单位怎样表示？

把1米平均分成10份，每份是1分米。

师：0.3元表示什么意思？先想一想，再说一说。

生：0.3元就是3角。

生：1元 =10角，1角是 0.1元，3角就是 0.3元。

师：这里有1元和1角的货币，谁能来边摆边给大家解释？

生：1元 =10角，也就是把1元平均分成10份，每份是1角，1角就是$\frac{1}{10}$元。

生：1角是0.1元，1角也是$\frac{1}{10}$元，是一样的。

师：1角 =$\frac{1}{10}$元，还可以写成0.1元，那0.1元也就表示$\frac{1}{10}$元。

生：3角是3个1角，1角是$\frac{1}{10}$元，3角就是$\frac{3}{10}$元。

生：0.1元是$\frac{1}{10}$元，0.3元就是$\frac{3}{10}$元。

师：如果下面两个正方形都表示1元，请你选一幅图画一画，来表示0.3元，行吗？试一试。

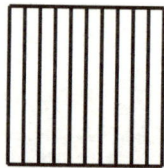

师：你们都选的是第一幅图，怎么没有同学选第二幅？

生：第一个正方形是平均分成了 10 份的，第二个图平均分成了 9 份，不是 10 份。

师：看来把 1 元平均分成 10 份，取其中的 3 份，可以用 $\frac{3}{10}$ 元表示，也可以用 0.3 元表示，那 $\frac{3}{10}$ 和 0.3 是什么关系？

生：相等。

师：（小结）虽然小数和分数表示的形式不同，但它们表示的意义是相同的。

案例 2： 人教版四年级下册《小数的意义》教学片段——认识 0.1

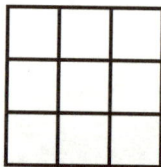

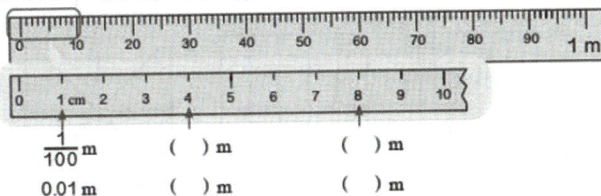

把 1 m 平均分成 100 份。

$\frac{1}{100}$ m　　（　）m　　（　）m

0.01 m　　（　）m　　（　）m

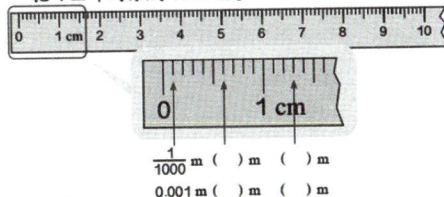

把 1 m 平均分成 1000 份。

$\frac{1}{1000}$ m（　）m（　）m

0.001 m（　）m（　）m

分母是 10、100、1000……
的分数可以用小数表示。

小数的计数单位是十分之一、百分之一、千分之一……分别写作 0.1、0.01、0.001……

每相邻两个计数单位之间的进率是（　）。

师：在我们的生活当中，0.1 可以表示什么？

生：可以是 0.1 元、0.1 米、0.1 千克……

（师出示：一块橡皮 0.1 元；信封的宽是 0.1 米。）

师：说一说，0.1 元和 1 元有什么联系？

（由于学生具有小数初步认识的学习基础和较为丰富的生活经验，他们很快就说出"1 元平均分成 10 份，其中的 1 份就是 0.1 元""1 元里有 10 个 0.1 元""10 个 0.1 元就是 1 元"等。）

师：学具袋中的长方形、正方形和线段如果用 1 来表示，你能用图形表示出 0.1 吗？快来试着画一画。

（教师为学生准备了长方形、正方形和线段，鼓励学生把自己对 0.1 的理解画出来。学生的作品如下。）

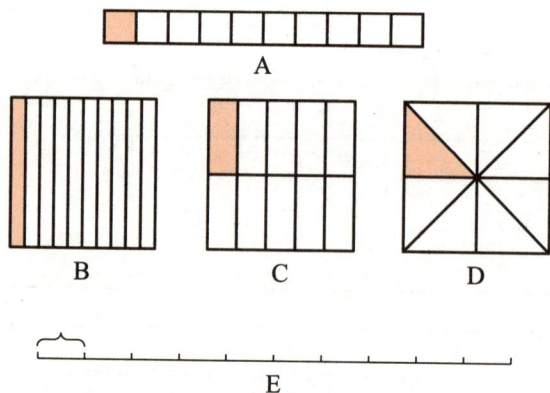

师：哪些方法是正确的？

生：ABCE。

师：比较这两种方法（B 和 C），你想说什么？（生答略）

师：D 为什么不能用来表示 0.1 呢？（生答略）

师：观察同学们的作品，这么多方法都可以表示 0.1，它们有什么共同特点？

生：都是把 1 平均分成了 10 份，都是表示其中的 1 份。

师：那 0.1 到底表示什么呢？

生：表示十分之一。

通过两个教学片段的分享，可以发现，同样是认识一位小数的教学活动，不同阶段的教学目标是不同的。在三年级的《认识小数》中，对小数的认识是初步的，具体的，感性的。学生需要结合具体情境，以具体的"量"为材料，以元为单位、以米为单位来认识一位小数的实际意义，感悟一位小数表示十分之几，两位小数表示百分之几。而在四年级《小数的意义》中，虽然教材中仍然呈现了以米为单位，借助直尺来认识 0.1、0.01、0.001，但是可以看到研究的重点在于以"十进关系"为核心，理解小数的意义，感受小数的计数单位产生的过程，从计数单位的角度理解小数的意义。这体现了对小数的认识逐渐从对"具体的量"的认识转向对"抽象的数"的意义的理解。

在教学片段 2 中，教师选用了脱离生活情境的长方形、正方形、线段等替代了有明确十进关系的直观学具米尺。虽然学具变了，但却紧紧抓住十进关系，调动学生已有的初步认识小数的学习基础和生活经验，用画一画的方式表达对 0.1 的意义的理解，再对不同的表达结果进行辨析，使学生明确了 0.1 就表示十分之一，初步体会了小数就是十进分数的另一种表示方式这一本质。

"认识小数"两个不同阶段的教学片段带给教师的启示是：针对同一个学习主题，准确把握不同学段的教学目标，是有效教学的重要前提。那如何做到准确地把握不同学段的教学目标呢？这就需要教师加强教材研究的意识，树立"联系"的观点，整体研读教材。"联系"和"整体"是一种方法，更是一种研读教材的意识。

数学教材为教师的教学活动和学生的数学学习活动提供了学习主题、基本线索和知识结构，在数学课程目标和实施数学课堂教学之间架设了桥梁。"新课标"指出：数学中有一些重要内容、方法、思想是需要学生经历较长的认识过程，逐步理解和掌握的，教材呈现相应的数学内容与思想方法时，应根据学生的年龄特征与知识积累，在遵循科学性的前提下，采用逐级递进、螺旋上升的原则。"新课标"解读中也指出：对于要经历较长学习阶段才能完成认识的概念、方法和思想，尽早渗透想法，逐步加深内涵，渐次提高要求。故教材中小数的初步认识和小数的意义、分数的初步认识和分数的意义、分数比大小、小数加减法、同分母分数加减法、角的初步认识和角的度量、模型思想、化归方法等很多内容，在不同学段的编排上，不论是在学习的深度，还是在学习的广度等方面都要有实质性的变化，体现出明显的阶段性要求。

教师首先应认真学习并了解"新课标"中的学段目标及课程内容，用整体的视角梳理教材。不论承担哪一个年级的数学教学任务，都要对小学阶段的数学知识进行系统、整体的梳理，了解小学阶段的数学知识发生发展的顺序以及在不同学段、不同年级的分布情况。这样做的好处在于：教师能全面、准确地把握分学段学习的数学知识、思想和方法的具体内容，同时使自己的教学做到瞻前顾后。

对同一学习主题，教师要善于在对比分析中找到联系与区别。如对课程标准、教学参考书中的教学目标进行对比分析，透过文字寻找目标上的变化；对学习内容进行对比分析，找到学习内容的广度有什么扩充，深度有什么发展；对学习过程进行对比和分析，找到直观学具、学习方式、教学手段上的联系与区别。这不仅能帮助我们准确地把握教学目标，明确不同学段的教学重点，还有利于我们找准教学的起点和落脚点。

3. 如何确定教学重点和难点？

　　教学重点和难点是每位教师都应该准确把握的，甚至在每节课的教案中都会有所体现，教师对教学重点和难点的理解和把握会直接决定课堂教学的重心。然而，一些青年教师容易将重点和难点混淆，认为学生不易理解的是难点，也就是课堂上要重点讲解和处理的内容，常常出现关注难点，而忽略重点的现象。其实数学教学的重点和难点有联系，但也有区别。

　　例如，人教版四年级下册《小数加减法》的例1与例2：

1　（1）小丽买了下面两本书，一共花了多少钱？

16.45元　　　14.29元

16.45+14.29=30.74

$$\begin{array}{r} 1\,6.4\,5 \\ +\ 1\,4.2\,9 \\ \hline 3\,0.7\,4 \end{array}$$

小数点一定要对齐哦！

　　（2）《数学家的故事》比《童话选》贵多少钱？

16.45-14.29=2.16

$$\begin{array}{r} 1\,6.4\,5 \\ -\ 1\,4.2\,9 \\ \hline 2.1\,6 \end{array}$$

2 （1）小林买了下面两本书，一共花了多少钱？

数学家的故事 16.45元 神奇的大自然 18.3元

16.45+18.3=34.75

$$
\begin{array}{r}
1\,6.4\,5 \\
+\ 1{,}8.3 \\
\hline
3\,4.7\,5
\end{array}
$$

（2）《数学家的故事》比《神奇的大自然》便宜多少钱？

18.3-16.45=1.85

百分位上怎样减？

$$
\begin{array}{r}
1\,8.3\,0 \\
-\ 1\,6.4\,5 \\
\hline
1.8\,5
\end{array}
$$

　　根据教材安排，本课的教学内容至少要包括上述两个例题中的四类情况。每种情况在教学中该如何把握呢？有的教师会认为，前三道题对学生而言都不难，借助整数加减法运算的经验，通过迁移，学生能够比较顺利地掌握，因此不必作为教学的重点。而最后一题（小数部分位数少减位数多，或整数减小数），需要根据小数的基本性质"添0"，这对学生而言是新方法，不易掌握，也容易出错，因此在教学中应作为重点内容着重处理。下面我们先来看一位教师的教学片段：

　　师：这是一个小数减法，得几呢？请试着算一算。

1.18-0.76=0.42

$$
\begin{array}{r}
1.18 \\
-0.76 \\
\hline
0.42
\end{array}
$$

（学生动笔试算）

　　师：像这样一位对着一位减，你们感觉陌生吗？什么时候用过？

　　生：感觉不陌生，整数加减法也是这么算的。

师：那小数加减法和整数加减法相比，哪儿不一样呢？

生：小数加减法有小数点。

师：如果把小数点盖住（盖住竖式中的小数点），就是大家熟悉的整数加减法。

师：下面请同学们每人编一道小数加法或减法题，看谁编的题能给大家带来"新情况"。先写横式，再写竖式算一算。

（生独立思考编题，探寻"新情况"。）

师：首先看有一位同学这样计算，对吗？（小数部分位数不同）

$$0.8+3.74=4.54$$

$$\begin{array}{r} 0.8 \\ +3.74 \\ \hline 4.54 \end{array}$$

师：这是一位小数加两位小数，请试着算一算。

（全体学生独立试算）

师：你们以前做过很多很多加减法题，无一例外的都是把末位的两个数字对齐，可这道题为什么不末位对齐呢？

生：整数的末位是个位，末位对齐也就是个位对齐了。而小数的末位不一定是相同的，所以不能末位对齐。

师：你们虽然没把末位对齐，但把谁对齐了？

生：把小数点对齐了，也就是相同数位对齐。

师：这样做肯定有这样做的道理。为什么一定要小数点对齐、要相同数位对齐呢？

生：如果不把小数点对齐，而把末位对齐的话，十分位的8就和百分位的4对齐了，相加之后肯定就不对了。

生：我举个例子说吧，比如买两样东西，一个是0.8元，另一个是3.74元，如果把末位的8和4相加，就是用8角加4分，那肯定就不对了，既不是12角，也不是12分。

小结：原来看似和整数加减法不太一样的"小数点对齐"其实和"末位对齐"一样，都是为了确保"相同数位对齐"，而相同数位对齐背后的道理就是"相同计数单位的个数直接相加减"。你们不仅找到了方法，还理解了方法背后的数学道理。

师：再试着算算这道题（小数部分位数少减位数多的情况）：3-0.6=？

（学生列式计算）

$$3-0.6=2.4$$

$$\begin{array}{r} 3.0 \\ -0.6 \\ \hline 2.4 \end{array}$$

师：你们给整数的后面添上小数点和0，根据什么？

生：小数的性质。

从这个教学片段中不难看出，这位教师将课本例题中的四种情况整合为三道题，并选择了让学生自己来编题的方式创造"新情况"。其中，第一、二道题是重点所在。结合这两题，教师引导学生对算法和算理进行了深入的分析。这样的处理是非常有意义的。因为在"小数加减法"的第一课时中，教学重点就是要引导学生掌握"小数点对齐"的算法，并理解其算理。在此基础上，运用算法和算理进行迁移，解决小数加减法中有可能遇到的各种情况，其中就包括第三道题这种情况。前两道题是本课的重点，解决小数加减法计算的通法问题。只要把这两个问题分析透彻了，学生的认识到位了，对于第三道题或其他更复杂的情况，就只是"技术问题"了。第三道题只是本课的难点，但并不是重点。

所谓教学重点，就是在本节课一定要解决的问题，一定要达到的目标。而教学难点不是本节课一定要解决到位的问题。例如，让学生形成对小数加减法的算法和算理的理解是本课的重点所在，而对于包括"整数减小数""计算结果化简"等复杂情况的正确处理并不是一节课就能够达成的，需要通过后续循序渐进的训练逐步完成。

这个教学片段带给我们的启示是，教学中要准确把握教学重点和难点，才能够更好地抓住核心，突出重点，避免过度关注难点而忽视重点的现象。

首先，重点源于知识本身。通常，我们将在对教材进行分析的基础上确定的最基本、最核心的教学内容称为教学重点，一般是一门学科所阐述的最重要的原理、规律，是该学科的思想或特色的集中体现。

其次，难点源于学生认知。教学难点通常是指学生不易理解或不易掌握的学习内容，需根据学生的实际水平来确定。要找准教学难点，首先要分析"对象"，即"对谁而言是难点"，这就揭示了"难点"源于学生认知的重要属性。因此，对教学难点的确定就离不开对学生已有认知水平和认知需求的分析。分析的途径：一方面可以结合所教内容对现有学生进行学情调研，另一方面教师已有的教学经验也不容忽视。

对教学重点的把握需要教师更深入地理解数学，对教学难点的分析则需要教师更深入地理解学生。找到"什么最重要"，教学的方向才会更明确，找准"什么最困难"，教学的过程设计才会更有效。

4. 如何更好地整合教材提高课堂实效？

日常教学中教师们大多以教材提供的素材组织实施教学，教材是教学的方向和抓手。而"整合"理念的提出，给教学带来勃勃生机的同时也给教师们带来困惑：什么是整合？数学教学课时减少了，原来的教材怎样整合、怎样设计才能提高课堂实效呢？其实，"整合"的起点还是"读懂"，是在读懂教材、分析学生的基础上创造性地使用教材。

例如，人教版三年级上册第八单元"分数的初步认识"，在这个单元中，一共安排了 3 个小节 8 课时内容，具体如下：

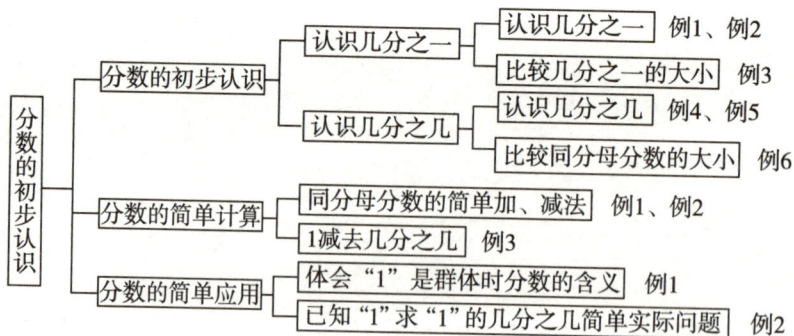

```
                              ┌─ 认识几分之一 ──┬─ 认识几分之一    例1、例2
              ┌─ 分数的初步认识 ┤               └─ 比较几分之一的大小  例3
              │               └─ 认识几分之几 ──┬─ 认识几分之几    例4、例5
 分数的        │                               └─ 比较同分母分数的大小  例6
 初步   ──────┤
 认识         ├─ 分数的简单计算 ──┬─ 同分母分数的简单加、减法  例1、例2
              │                └─ 1减去几分之几   例3
              └─ 分数的简单应用 ──┬─ 体会"1"是群体时分数的含义  例1
                                └─ 已知"1"求"1"的几分之几简单实际问题  例2
```

教学这个内容，很多教师会进行细微调整，比如将例 1、例 2 和例 4、例 5 放在一课时教学，例 3、例 6 放在一课时教学。这就是"整合"，是教师依据对教材的理解和学生情况分析作出的设计，属于学科内部的整合。

"整合"可以是学科内的，也可以是跨学科或超学科的，后两者是把学生在校内的学习同校外生活及其需要和兴趣紧密结合的整体化设计。

以人教版教材"分数的初步认识"单元为例，可以结合学生熟悉的日常事物和中华传统节日活动，将教材第90页的"认识几分之一"、第92页的"认识几分之几"和第100页的"体会'1'是群体时分数的含义"一起进行教学。

第90页 "认识几分之一"

几分之几

4 把一张正方形纸折成同样大的4份，再把其中的一份成几份涂上颜色。

每份是它的 $\frac{1}{4}$，这样的2份是2个 $\frac{1}{4}$，就是它的 $\frac{2}{4}$。

3份是它的 $\frac{3}{4}$。

5 把1分米长的彩条平均分成10份。

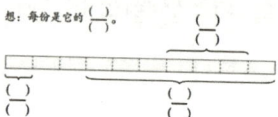

想：每份是它的 $\frac{1}{□}$

像 $\frac{2}{4}$、$\frac{3}{4}$、$\frac{3}{10}$、$\frac{7}{10}$ 这样的数，也都是分数。

做一做

① 把各图中的涂色部分用分数表示出来。

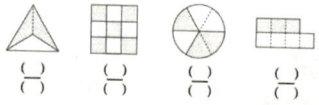

第92页"认识几分之几"

---

3. 分数的简单应用

1 （1）用分数表示涂色部分。

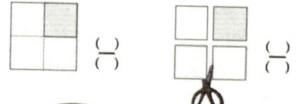

（2）

6个苹果平均分成3份：
1份苹果是总数的 $\frac{1}{3}$；
2份苹果是总数的 $\frac{2}{3}$。

做一做

① 用分数表示各图的涂色部分。

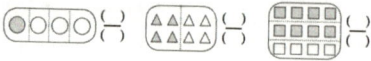

② 有9个△，把其中的 $\frac{1}{3}$ 涂上红色，$\frac{2}{3}$ 涂上蓝色。

③ 有10根小棒，取出它的 $\frac{2}{5}$。

取出了（　）根。

第100页"体会'1'是群体时分数的含义"

拟定教学目标:

1. 联系中秋传统活动,引出操作需求,体会"平均分"对于得到分数的重要意义,借助与文本的对话,初步认识几分之一和几分之几。

2. 在生生、师生交流活动中,进一步认识分数,知道把一些物体或一个整体平均分成若干份,其中的一份或几份可以用分数表示。

3. 通过阅读、思考、交流、操作、猜测、辩说等活动,初步建立分数概念,感受学习的乐趣,并能在后续活动中扩展学习视野,享受学习的幸福与快乐。

设计过程结构:

一、中秋情境引出问题,与文本对话初识分数。

1. 联系生活,弘扬中华传统文化,借助中秋节吃月饼揭示学习主题。

2. 阅读教材,自主获取知识,初次认识分数。

二、生生交流分享收获,生生、师生对话活动强化认识。

1. 小组分享收获。

2. 小组合作汇报,交流读懂的内容,提出问题。

3. 生生对话、师生对话,突出重点、突破难点。

三、回顾与反思中梳理主干,推荐阅读中巩固完善认识。

1. 想想、说说主要了解了哪些内容。

2. 自由阅读:《给我一半》《保罗大叔分比萨》《各国的早餐》《和邻居亲密相处》《分数是分出来的》。

在充分研读教材把握整体脉络、分析学情遵循认知特点的基础上整合设计,将三课时的内容融为一课时,能够帮助学生在一个具体情境下得到比较完整、丰富的体验。节省出来的课时,可以开展数学阅读活动、为中秋定制菜单活动、寻找身边的分数活动……恰好为数学教学多元多维目标的有效达成提供了时间保证。

上述例子通过分析一册教材中一个单元的框架，从数概念建立的角度进行整合教学设计，是一种尝试。还可以从思想方法、活动经验、核心概念、知识体系等视角，通过调整教材的顺序、对比不同版本教材、跨越年级同类内容等多种方式进行实践研究。不过，整合不是随意拼凑，一定是在深入研读教材、把握教材的整体脉络、明确每个例题的目标、分析学生实际情况的基础上的思考设计；是依据教材的主干结构，分析、重组、完善教学内容，系统建构数学问题，设计实施教学以实现学生在数学学习上的多元发展。所以，"更好地整合教材"，更需要教师深入地研读教材、分析学情，再去突破教材的设计，才能实现真正的优化、高效。

5. 教材中例题和练习题为什么不"对应"？

教学中，大多数教师觉得例题讲什么，练习题就应该练什么，教的内容和练的内容应该一致。但是，在现在新编教材中，有的教师觉得练习中复习巩固例题的练习量不够，有的教师感觉有些练习题的难度大大超出了例题的教学难度，等等。其实，现在的练习题不是一味为了巩固例题的知识，不是同等难度的反复训练，而是告诉老师们一个教学的方向，是在课程改革后要培养孩子哪方面的能力的一个导向。

小学数学教材中给我们呈现了不同类型的练习题，类型不同表现出来的层次也不同，教师应该充分发挥不同类型练习题的作用以提高课堂效率。练习题的类型可分为三大类：巩固型练习、补充型练习、拓展型练习。这三种类型的练习承载的功能不同，发挥的作用也不同。

第一种：巩固型练习。这是教材中最常见的题型，如果从知识点的重合度上分析，巩固型的练习题是与例题的关系最密切的。例题主要侧重于知识的呈现与讲解，练习题则侧重于对已学知识点的巩固，是对已学知识、技能或思维的复习与检验，对例题没有太多的拓展与延伸。这种类型的练习是相对简单的一种练习题。

例如，北京版二年级上册《乘法的初步认识》：

这个班一共有多少名学生？ _____

例题是通过乘法的意义解决问题：当若干份中有一份与其他份的数量不同时，可以先用乘法求几个相同的加数的和，再加上不同的加数；也可以假设每份都相同，用乘法，再减去或加上多余或所欠的部分。

为了能够让学生掌握这两种方法，使学生体会观察、思考的角度不同，解决问题的方法也是不一样的。教材中呈现了和例题类型一样的练习题。学生通过观察图可以横着看，也可以竖着看，巩固从例题中学到的方法。练习题用了最贴近生活的元素，让学生体会数学和生活的密切关系。

练一练

1.

停车场上有多少辆汽车？

☐ × ☐ ○ ☐ = ☐

巩固型练习是教学中使用比例较大的一类练习题，它适用于所有的新授课，以及练习课的前半部分，思维难度不大，主要以巩固新知为主。这种类型的练习题不宜过多，如果学生掌握得很好，就不需要停留在这个层面，应将学生的思维推向更高层次。

第二种：补充型练习。这种练习题在知识点的重合上不像巩固型那样与例题关系密切，它的知识点"源于例题，但稍高于例题"，对知识点进行适当的补充。

例如，北京版三年级下册《口算乘法》：

有 10 盒彩笔，每盒 12 支。一共有多少支？

$$12 \times 10 = 120（支）$$

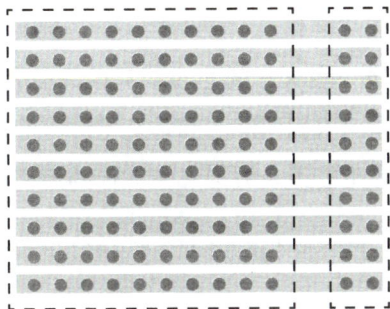

$10 \times 10 = 100$
$2 \times 10 = 20$
$100 + 20 = 120$

1 个 12 是 12，
10 个 12 是 120。

例题的教学内容是学习两位数乘整十数的口算方法。例题设计了"有10 盒彩笔，每盒 12 支。一共有多少支？"这样一个情境，学生通过已学的知识明白这是 10 个 12，用乘法算式 12×10 表示，但计算是要学生解决的新知识，从而引出学习两位数乘整十数的口算方法。

例题讲解后，紧接着在"试一试"中出现了一组算式：

4×10	15×10	84×10	28×10
10×8	93×100	49×100	7×1000

例题只呈现了两位数乘整十数的口算方法，而练习题则出现了一位数、两位数乘整十数、整百数、整千数的内容。引导学生利用例题的计算

方法进行解决，把任意一个数乘几十、几百、几千转化为任意一个数乘一位数来计算，然后再看因数末尾有几个 0，就在积的末尾添上几个 0。这组练习题通过扩大数域，使学生发现了规律，总结出口算的方法。练习内容对例题内容进行了很好的补充和提升。

"补充型练习"尚属于对例题的知识点的浅层次延伸，需要教师在把例题自身的知识点讲深、讲透的基础上，放手让学生自主探索，发现并补充与例题相关的其他内容。

第三种：拓展型练习。就是要在原来例题学习的基础上，打通知识之间的联系，扩宽知识的应用，提高学生的能力。就知识的重合度而言，拓展练习所用到的知识含量一定大于例题的知识点，经历的思维过程及对事物的认识与体会，都会超出巩固型练习和补充型练习的作用。

例如，北京版三年级下册《长方形和正方形的面积》：

用 1 厘米^2 的小正方形纸片摆一摆，并填写下表。

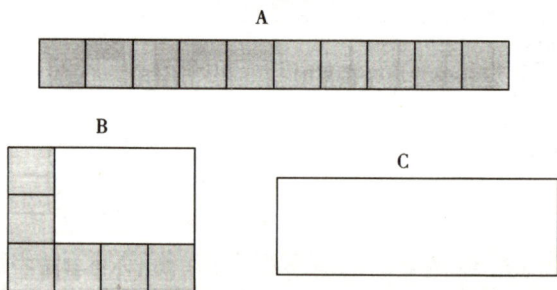

A

B

C

图形	长 /cm	宽 /cm	面积 /cm^2
长方形 A			
长方形 B			
长方形 C			

例题的教学内容是用 1 平方厘米的小正方形纸片摆一摆，填出每个长方形的长、宽和面积。在这里学生可以用 1 平方厘米的正方形摆满整个长方形，也可以沿着它的长和宽各摆一排正方形，从而计算出这个长方形一

共需要多少个正方形，进而引导学生进一步体会长方形长、宽的数量与面积的关系。在发现长方形面积与长、宽的关系后，引导学生用文字表达出面积公式，有利于学生理解公式的含义。

练习题是"洒水车每分钟行驶 60 米，洒水的宽度是 8 米。洒水车行驶 5 分钟，被洒湿的地面的面积是多少平方米？"学生在解决这个问题的时候，先要求出 5 分钟洒水车走了多长，列式：$60 \times 5=300$（米）；然后利用洒水的宽度是 8 米，走了 300 米（也就是长方形的长），求出被洒湿的地面的面积：$8 \times 300=2400$（平方米）。解决这个问题，不仅用到了长方形面积计算方法，还用到了"速度 × 时间 = 路程"的数量关系。这就需要学生综合运用相关知识解决问题。

"拓展型练习"是培养学生应用意识和创新意识的有效训练方法。

课程改革之后，教材中练习题的编排有了很大变化，无论是呈现形式还是内容设计，都非常注重体现课程改革的新理念，为教师提供了丰富的教学素材，服务于课堂教学。

6. 每一个知识点的教学都要和生活实际联系吗?

作为教师,不可否认小学数学教学需要依据学生的年龄特点,在数学知识与生活实际之间建立起联系,这样更便于将学生的直观认知与数学的抽象认知对接起来。但物极必反,所有的知识点都"一刀切"地联系生活显然是不符合人的认知需求与发展的,因为随着学生年龄的增长,数学研究的深入,数学自身的抽象性会越来越强。数学的研究价值不仅体现在其能解决现实生活中的实际问题上,更体现在人的思维发展上。

例如,人教版四年级上册《角的度量》:

要准确测量一个角的大小,应该用一个合适的角作单位来量。

人们将圆平均分成360份,将其中1份所对的角作为度量角的单位,它的大小就是1度,记作1°。

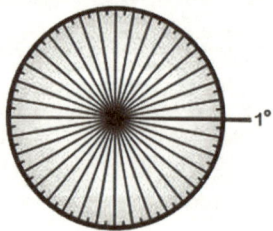

通过研读教材,可以发现教材对度量单位的界定更为清晰,强调了度量的重要前提是标准的建立——度量单位。这种对度量单位的强化,

在以往的长度度量、面积度量、时间度量、质量度量等的教学中均有所体现。

结合教材教师设计了如下教学环节：

导入环节：首先出示线段 AB，请学生说出它的长度，再出示长方形，请学生说出它的面积，同时追问：你是怎么知道长是 6 厘米、面积是 6 平方厘米的？从而唤醒学生已有的认知，即度量单位和单位个数的累加，6 个 1 厘米就是 6 厘米，6 个 1 平方厘米就是 6 平方厘米。此时再呈现一个角，提问：怎么才能知道这个角有多大呢？学生很自然就会想到和度量长度、面积一样，要先有一个标准，也就是单位。

延伸环节：教师和学生一起回顾曾经学过的一些有关形的度量的知识（长度、面积），并向后展望（体积），引导学生进一步感受到度量的共同特征：都要先明确度量单位，再看有多少个度量单位。

深化环节：借助 1 个数 6 可以表示 6 厘米、6 平方厘米、6 度等等，使学生感悟到同样的"数"可以表示不同的"量"。

此教学设计虽然没有体现实物测量，但将角的度量单位纳入到度量知识教学体系当中，通过一系列的活动，将学生不熟悉的"角的度量"的研究，退回到学生所熟悉的对形的度量体系当中。让学生在度量这一大家族的学习中产生共鸣，提取出度量的核心概念——度量单位和度量单位的个数，并使之成为后续其他有关度量学习的基础，体会到数与形的完美结

合，突显了借用抽象的"数"量化具体的"形"的度量价值。

"新课标"指出：数学知识的教学，要注重知识的"生长点"与"延伸点"，把每堂课教学的知识置于整体知识的体系中，注重知识的结构和体系。

由此可见，在教学中可以使数学知识和技能回归到现实生活中，实现数学的应用价值，让学生感受到生活与数学的紧密联系。同时随着学生年龄的增长，也要关注学生的理性思考和知识体系的建立，更好地帮助学生体会数学研究的深刻性。

7. 学生都会认数、写数了，我们还教什么？

　　刚刚入学不久的孩子就要学习认数了，可老师却常常听到家长非常自豪地夸自己的孩子："我家小红特会数数，都能数到 100 多了……"的确，很多孩子在学前阶段就已经会数数、认数、写数了，我们在数学课上还教什么呢？下面以倪芳老师执教的《11 ～ 20 各数的认识》为例谈谈数的认识的价值及教学中该教什么。

　　《11 ～ 20 各数的认识》是在学生认识了 10 以内的数、已经积累了一些认数经验的基础上学习的，它既是认识 10 以内数的延续，又是认识 100 以内乃至更大的数的基础，同时又为学习 20 以内数的加、减法作好准备。本课是学生数概念形成过程的一次突破，也是学生认数过程中的一个重要节点。这节课的教学，主要涉及数数、读数、写数、区分基数与序数、数序与大小、数的组成、理解数的含义、发展数感等内容。倪芳老师依据对学生的调研，进行了详略处理，把重点放在了十进制的建立以及位值的初步渗透上。具体教学过程如下：

　　片段一：认识 10 个一是 1 个十
　　师：老师在每位同学的桌子上放了一些小棒，请大家数数有多少根。想个办法让别人很快就看出你的小棒是多少。

学生动手操作，出现了不同的摆法，老师组织学生一一辨析。

师：刚才同学们想到了很多办法，咱们先来看看这位同学的。快跟大家说说你想的什么办法呀？

生：一根一根地摆。

师：他的呢？

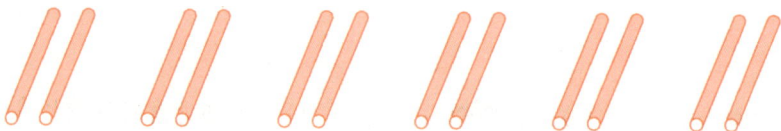

生：我是双数。

师：也就是两根两根地数。

师：他又是几根几根摆的？

生：五根五根地摆，再加上一个 2 根。

师：还有 1 位同学是这样摆的，你们看懂了吗？

生：10 根摆在一起，2 根摆在一起。

师：不管怎么摆，都是 12 根。你更欣赏哪一种？谁摆的能让我们很快就看出这是 12 呀？

师：这位同学先把 10 根放在一堆儿，其实我们也可以这样，把这 10 根小棒捆成一捆，放在一边，剩下的摆在一边。这样一下子就看出这是多少？

生：12 根。

师：从今天开始我们有一个新的约定，够 10 根小棒就捆在一起，再加上旁边的 2 根就是 12 根。我们一起像这样来整理一下自己的小棒吧。（学生打捆整理）

片段二：感受位置

师：聪明的古人可以用 1 块大石头和 1 块小石头表示出 11，我们用 1 捆小棒和 1 根小棒也能表示出 11。但是问题来喽，两颗颜色一样、大小也一样的小珠子，还能表示 11 吗？

学生开始讨论。

生：这两颗小珠子颜色一样，不能表示 11，只能表示 2。

师：就是呀，我也这么想，这不就是 2 吗？

生：1 颗珠子当 10，1 颗珠子当 1，就行了。

师：你定的只有你自己知道，可我们不知道呀。让大家都知道得怎么办呀？

生：有一颗珠子是十位，一颗珠子是个位，就行了。

师：你在哪儿见过个位十位呀？倪老师有个办法，我告诉你们我请来一个新朋友，看看它能不能帮我们解决这个问题。一起看，（出示计数器）这是数学家为我们创造的计数工具——计数器，从右边数叫什么位？（生：个位。）小珠子来了，放在个位上表示什么？（生：1。）这 1 个小珠子放在这儿（指十位）就代表 10。

师：这两个 1 一样吗？它们哪儿不一样呀？

小结：看来都是"1"，由于它们所在的数位不同，意思就不同。

第一个片段，倪芳老师紧紧抓住帮助学生理解新的计数单位"十"，体会"满十进一"的十进制计数法这个教学重点与关键，给足学生自主探究的空间，暴露学生的思维过程，通过小棒的操作，学生呈现出了各种不同的数法，无论是一个一个数、两个两个数、五个五个数，还是十个十个数，其实都是按群计数，力图使学生体会群数的过程及重要性。接着抛出"谁摆的能让我们很快就看出这是12呀？"这个问题，使学生初步体会到把10个捆成一捆的道理，又不否定其他的办法。随后"新约定"的出现，得到了学生的认可，使学生进一步体会以十为单位计数的合理性，并再次通过一系列的活动，帮助学生理解"10个一是1个十"，使以十为单位计数的优越性得到了学生充分的理解与认可。

第二个片段通过"两颗小珠子"的争论把"位"的值辨析清楚，把一个抽象的话题变得简单有趣且富有生命了，也变得儿童化了。在辩论中学生充分体会了位值制的作用与价值。

十进制记数法，是我国古代劳动人民创造出的一项计数方法，有了这种计数法，我们就可以用0—9这10个数字表示出任意大的数。十进位值制是数的认识和数的运算教学中的核心概念之一，在认识整数和小数时，十进位值制能够帮助学生了解数的产生，理解数的意义，掌握数的组成，了解数与数之间的关系，建立良好的数感；在学习数的运算时，十进位值制对于学生理解、掌握整数和小数运算中的算理及算法、沟通知识之间的内在联系起着不可替代的作用。因此，教学中要有意识地结合教学内容，不断向学生渗透十进位值制思想，在渗透中要关注数位、计数单位、进率等重要概念的建立，使学生逐渐领悟十进位值制。

8. 口诀能不能改变一下学习顺序?

　　教学 7—9 的乘法口诀时,教师们会遇到这样的问题:学生已经会背口诀了,还用遵循教材的编写顺序"创设情境,引出连加算式→填写连加结果→将乘法口诀填写完整"进行数学吗?是否可以先呈现出口诀,再去理解每一句口诀的意义呢?下面以"7 的乘法口诀"为例对比进行分析。

　　例如,人教版二年级上册《7 的乘法口诀》的教学片段:

依照教材一位教师这样教学：首先，创设学生操作七巧板的活动情境，学生在拼图形的过程中，初步感知所用七巧板的块数。接着，请学生观察七巧板拼成的图案，思考：摆一个图案要用几块拼板？是几个7？怎样列乘法算式？能试着编一句乘法口诀吗？教师随学生回答板书1个7是7，1×7=7，7×1=7，一七得七。继续请学生思考：摆两个图案要用几块拼板？是几个7？对应的乘法算式和乘法口诀是什么？然后，学生两人一组，合作探究，编制口诀，并记录在下面的表格中。最后，在全班汇报交流中进一步理解乘法口诀的含义。

表示的意义	乘法算式	乘法口诀
1个7是（7）	1×7=（7）　7×1=（7）	一七得七
2个7是（14）	2×7=（14）　7×2=（14）	二七（十四）
3个7是（　）	3×7=（　）　7×3=（　）	三七（　）
4个7是（　）	4×7=（　）　7×4=（　）	四七（　）
5个7是（　）	5×7=（　）　7×5=（　）	五七（　）
6个7是（　）	6×7=（　）　7×6=（　）	六七（　）
7个7是（　）	7×7=（　）	七七（　）

另一位教师在学习7的乘法口诀前对学生进行了调研，发现在1—6的乘法口诀的学习基础上，很多学生会背7的乘法口诀。为了尊重学生的这种起点和需求，培养学生主动探究、独立思考的能力和敢于创新的精神，这位教师作了如下设计：

上课伊始，这位教师问学生：在课前我们都试背了7的乘法口诀，都谁会背了？我们一起背一背。（教师按顺序贴出口诀）

教师接着说：7的乘法口诀有几句？你们知道这些口诀表示什么意思吗？请你画一画或摆一摆，用自己喜欢的方式进行表达。

学生用自己的方式表示对7的乘法口诀的理解，下面是其部分作品：

答an:
21/

三七二十一表示：3个7相加

乘数 积

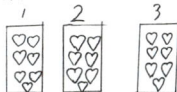
| 1 | 2 | 3 |

乘法算式：3×7=21（个）
7×3=21（个）

三七二十一　3个7

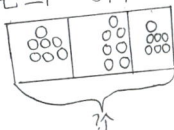
?个

3×7=21（个）
7×3=21（个）　　4×7-7=21（个）
7+7+7=21（个）　　2×7+7=21（个）

三七二十一

3个7 ┐7个
     ┐7个
     ┐7个　　3×7=21 | 7×3=21

三七二十一
3个

OOOOOOOO
OOOOOOOO }21个

3×7=21
7×3=21

口诀：四七二十八　图画：
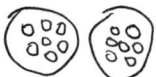
算式：4×7=28
　　　7×4=28　　4个7
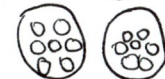

第一辑 ■ 如何把握教材

037

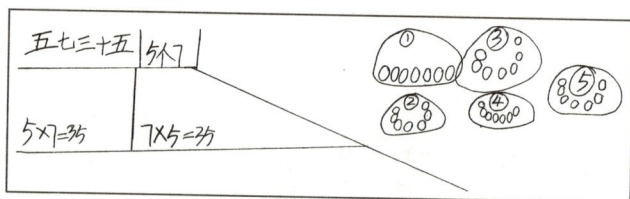

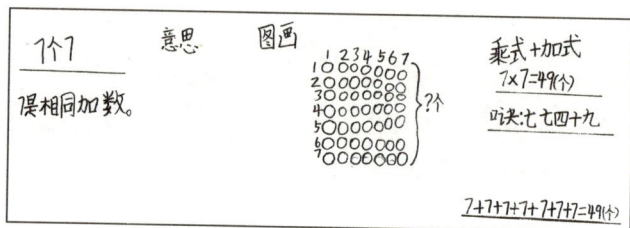

　　对比两个案例，第一位教师利用学生学习1—6的乘法口诀的经验，进行知识迁移，让学生经历自主观察七巧板拼摆的图案、自主写出7的乘法算式、自主编出7的乘法口诀的过程，进一步感受乘法口诀的来源及意义。第二位教师进行了学情调研，基于学生的知识基础和经验，选择了先出示口诀，再让学生用自己的方式表达对口诀意义的理解。实践表明这两种方式都是可行的，至于选择哪种方式，关键是要看学生，要充分尊重学生的学习经验及生活经验，激起学生的求知欲望和探索兴趣，引导学生在独立思考、自主探索的基础上，大胆地与其他同学进行合作、交流，并鼓励解决问题策略的多样化。这样的过程，有助于培养学生的参与意识，学生通过与他人的交流可以学会用不同的方式探索和思考问题，不断提高自己的思维水平。

9. 在低年级如何渗透数学思想方法?

"新课标"在总目标中明确提出"四基"的要求,得到了教师们的广泛重视,尤其针对数学思想方法的教学目标,很多教师都开展了较深入的实践研究。但是对于在低年级数学教学中如何渗透数学思想,很多教师还是比较困惑的。南开大学的顾沛教授开展了大量的"数学思想在小学数学中的渗透"的研究工作。他提到:"数学思想的渗透,应该是长期的、一贯的,应该从小学一年级开始,也完全可以从小学一年级开始。"

确实如此,如"分类思想",既是适用于各种科学研究的解决问题的一般思想方法,同时也是数学领域中解决问题较常用的思想方法,在小学数学学习中就应用较多。因此,从一年级开始教师就要帮助学生感受、体会、理解以至掌握这一数学思想方法。

案例: 人教版一年级上册《立体图形的认识》

教材是这样编排的:从学生的生活实际引入,举出了许多日常生活中学生熟悉的实物,先进行简单的分类,把形状相同的放在一起,然后再抽象出其一般的几何形体,给出几何名称。最后,再将知识应用到生活中,感受数学与生活的联系。

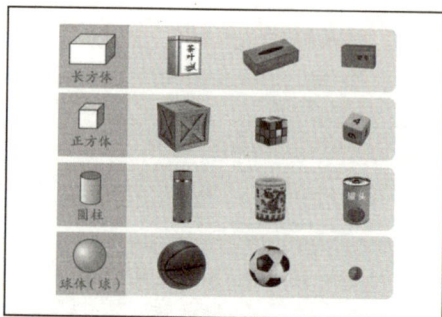

课前，教师为每个学生准备了以下这些生活中常见的物品。

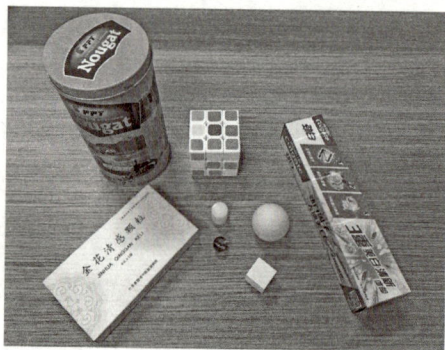

师：如果按形状把这些物品分一分，你想怎么分呢？请按你的想法分一分吧。

学生独立思考并按自己的想法进行分类。

师：谁愿意把自己分的结果展示给大家看，并说一说为什么这么分？

生：我把这些东西分了2组，我是这样分的。

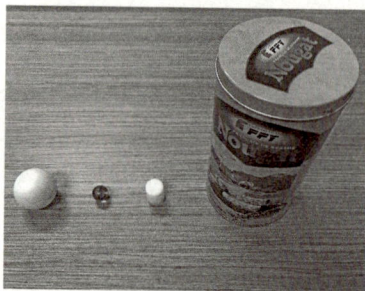

师：为什么这么分？

生：因为左边的这些东西可以滚，右边的不能滚。

师：他的想法你们同意吗？

生：同意。

生：我也把这些东西分了 2 组，可是我跟他分的不一样。我是这样分的。

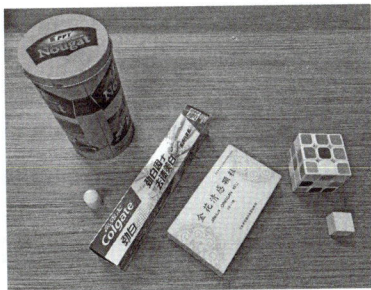

师：你是怎么想的？

生：右边的这些东西都可以平放在桌子上，但是球不能。

师：他这么分你们同意吗？

生：同意。

师：刚才那位同学把糖盒、牙膏盖和两个球儿放在一起，你们同意；这位同学认为糖盒、牙膏盖应该和牙膏盒、药盒、魔方等放在一起，你们为什么也同意呢？

生：因为如果看这些东西能不能滚动，就要把糖盒、牙膏盖和两个球儿放在一起；如果看这些东西能不能平放，就要把糖盒、牙膏盖和牙膏盒、药盒、魔方那些东西放在一起。

师：看来同学们观察发现到的图形的特征是不一样的。分这些物品时根据不同的特征去分，分的结果也就不同，但都是有道理的。

有的学生提出分 3 组的情况。

师：为什么把糖盒、牙膏盖单分出来呢？

生：因为球只能滚动，长方体、正方体只能平放，圆柱是又能滚动又能平放的。

学生又展示分4组的情况。

师：右边这两堆一直合在一起，现在为什么分开了？

通过这个问题，引导学生进一步研究长方体和正方体的特征。

我们看到教师在这一教学环节中提出的问题始终是为什么分，为什么合。学生在不断回答分与合的理由的时候，实际上是在明确分类的标准，学生所说的滚动、平的面就是图形的特征。教师借助分类这一数学思想方法，引导学生观察、发现并概括出四个基本立体图形的特征；同时在发现归纳图形特征的活动中又经历了分类的全过程，感悟了分类时不同标准不同结果的特点，感受到了分类的价值——刻画事物特征。

上面的案例给我们的启示是：基础知识和基本技能大多是显性的，而基本思想和基本活动经验则是隐性的。如何让学生感受到知识背后的价值呢？这就要求教师在转变观念的同时提高自身的专业素养。教师要想在教学中适时适当地渗透数学思想方法，自己首先要对数学思想方法建立正确的认识，理清小学数学知识中蕴含着哪些数学思想，以及数学思想的层次。例如，较高层次的数学基本思想有三个：抽象思想、推理思想、模型思想，这三个基本思想又演变、派生、发展出很多其他的较低层次的数学思想。如：与抽象有关的符号化思想、分类思想、对应思想、集合思想；与推理有关的划归思想、变换思想、数形结合思想；与模型有关的方程思想、函数思想、优化思想；等等。教师要以此认识为基础和前提，再对教材进行分析和研究，将这些深埋在知识背后的有价值的东西挖掘出来，进而才能更好地在教学实践中实施。

数学思想方法不同于一般的概念和技能，不是通过短期的训练便能掌握的，而是需要通过在教学中长期的渗透和影响才能逐渐形成的。教师应在每节课的教学中适时地体现思想方法的教学目标，使学生在潜移默化中日积月累，通过提高数学素养达到学好数学的目的。

10. "可能性"教学中如何看待实验?

可能性属于"统计与概率"领域,是对随机现象的研究和刻画。现实中存在必然现象,也存在偶然现象,这就使事件发生具有了随机性。为了让学生认识这一点,许多教师在教学中都愿意通过动手实验来完成教学。然而,看似简单的实验也很容易带来许多问题和困惑。

例如,人教版五年级上册《可能性》:

3 小组活动:在装有红、黄两种颜色小球的盒子里摸球,每个小组的盒子里装的球都一样。每次摸出一个球,记录下颜色,再放回去摇匀,重复20次。

颜色	记录	次数
●	正 正 正	15
○	正	5

下面是八个小组的统计情况。

小组	1	2	3	4	5	6	7	8	合计
摸出●的次数	15	16	12	18	15	16	14	17	123
摸出○的次数	5	4	8	2	5	4	6	3	37

盒子里可能是●多还是○多?

✎ 做一做

① 从右面的盒子里摸出一个棋子，可能是什么颜色？猜一猜：摸出哪种颜色棋子的可能性最大？摸出哪种颜色棋子的可能性最小？

② 哪面朝上？

全班每人掷一次。
掷出 ① 朝上的有 _____ 人，
掷出 ② 朝上的有 _____ 人。

　　教材中的例题明确要求通过小组活动的方式开展实验，在分析实验记录的过程中感受和认识事件发生的可能性。除了摸球游戏，练习中还有学生非常熟悉的抛硬币活动。教学中，一位教师在上课之初想以学生最熟悉的硬币为素材展开学习。一上来就问学生：一枚硬币掷出后出现正面的可能性是多少？出现反面的可能性呢？由于学生生活中对"公平"有较为丰富的生活经验，在游戏或各类竞技运动中经常看到用抛硬币的方式决定优先权或选择权，因此能够得到出现正面和反面的可能性相等，都是 $\frac{1}{2}$。然后让学生通过反复掷硬币的实验去验证这一结论。课堂上学生真实的实验结果并不都是 $\frac{1}{2}$，教师就要求学生将各小组的实验结果累计，以达到增加实验次数的目的。即使如此，出现正面的可能性也只是勉强接近 $\frac{1}{2}$。

　　类似的现象在教学中并不少见，许多教师遇到过不做实验、不分析，学生似乎能够顺利理解结论，做了实验之后反而越来越糊涂的尴尬局面。在各组悬殊很大的数据面前，教师试图通过选择相等或接近相等的数据来支撑"可能性相等"的结论，或以"只要实验次数越来越多，可能性就越来越接近"进行说明，由于课堂时间有限，实验常常是草草收场。还有的教师，为了避免这种尴尬索性不做实验，通过简单的分析得到结论即可，尽快地过渡到分析（或计算）可能性的方法，只要学生能够正确解题即可。

很显然，这两种方法都不理想。

课程标准解读中对此进行了说明：第一，一个硬币，先假定它出现正面和反面的可能性是$\frac{1}{2}$，这是概率。这个$\frac{1}{2}$是通过概率的定义得到的，不是依靠实验验证出来的。实际上，学生做了很多次实验也得不到$\frac{1}{2}$，反而更加糊涂了。第二，运用定义的方式教学，不能很好地培养学生的随机观念。那么，在可能性教学中是不是就不需要实验了呢？教材中的例题又该如何教学呢？

上例中的教师并没有准确地理解可能性教学目标的要求及其核心价值。随机事件的可能性是学生进一步学习概率的重要基础，它与日常生活有紧密的联系，但又具有很强的抽象性，学生容易"有感觉"，但要能够借助等可能事件的具体情况作出较严密的分析和推理则是比较困难的。因此，在小学阶段通过实验的方法让学生学习可能性是可以的，但要注重运用统计的思想来做实验，例如教材上的例3，先告诉学生盒子里有红、黄两种颜色的球，让学生在摸球实验中记录每次摸出的情况，摸到一定程度时，学生就会发现摸出红色球的次数多，由此推断盒子里红球比黄球多。这样的实验设计旨在引导学生运用数据分析来体会事件的随机性，在大量的重复实验中，感受可以用频率来估计概率。

"可能性"在小学数学教学中的安排及目标要求随着课程标准的修订有所调整和变化。依据"新课标"，第一学段中不再安排关于概率的学习，主要考虑基础教育阶段统计的重要性大于概率，发展学生的数据分析观念是这部分内容的核心。由此可见，需要教师能够站在核心概念"数据分析观念"的培养的层面定位可能性的教学目标。首先，从知识领域来看，简单事件可能性的教学与统计密不可分，要在经历数据分析的统计过程中逐步感悟和认识可能性；其次，不急于要求学生掌握得出（计算）可能性的方法，而是要引导学生在经历实验和数据分析的过程中逐步感悟事件的可能性有大有小，有根据地估计或推断事件发生的可能性，进而感受可能性与生活的紧密联系，以及在解决真实生活问题中的价值和作用。这些目标的达成都需要教师在教学中更多地将"关注结果"转为"关注过程"，从"关注方法的掌握"转为"关注能力的发展"。这需要教师首先对统计与概率的关系有更科学的认识，进而准确把握相关内容的学段教学要求。这样才能够更自主地分析并回答在可能性教学中"是否需要实验""如何设计实验""如何使用实验结果"等一系列实际问题了。

11. 在解决问题中"回顾与反思"环节的教学意图是什么?

　　打开现行的人教版教材,可以发现解决问题的编排与原实验教材相比有很大的变化,教师们形象地称之为"解决问题三步曲"。人民教育出版社进行教材培训时,对这样的编排特点给出了如下解读:问题解决方式的编排突出了"新课标"提出的"四基"和"四能"在解决问题中的落实,从一年级起循序渐进地提供解决问题的一般步骤,教给学生解决问题的基本方法,积累解决问题的经验,提高解决问题的能力。

　　波利亚在《怎样解题》一书中列出了解题的四个步骤,即弄清问题—拟定计划—执行计划—回顾。人教社小学数学课本原主编之一曹飞羽老师总结出"条件和问题的收集—分析数量关系—拟定解答计划—解答—检验与评价"的解题步骤。人教社在这次修订教材时对以往的解题步骤进行了学习和借鉴,归纳出解决问题的一般步骤:理解现实的问题情境,获得数学信息,发现要解决的数学问题(弄清问题)—分析问题,从而找到解决的方案并解决之(拟定计划和执行计划)—对解答的结果及解决的方法与过程进行检验和回顾反思(回顾)。并根据小学生的年龄特点和认知水平,在不同年级,结合不同的内容采用了不同的表述方法提示三个解题步骤。(见下页图)

| 5 | 美术兴趣小组有女生14人,男生比女生少5人。男生有多少人?美术兴趣小组一共有多少人? |

知道了什么?

有女生□人,男生比女生少□人。

要解决的第一个问题是……

怎样解答?

求美术兴趣小组一共有多少人,就要把男生人数和女生人数合起来。

男生人数:　　　美术兴趣小组总人数:

$14-5=9$(人)　　$9+14=23$(人)

解答正确吗?

口答:男生有□人,美术兴趣小组一共有□人。

| 8 | 妈妈带100元去超市购物。她买了2袋大米,每袋30.6元;还买了0.8 kg肉,每千克26.5元。剩下的钱还够买一盒10元的鸡蛋吗?还够买一盒20元的鸡蛋吗? |

阅读与理解

知道了……

要解决的问题是……

分析与解答

你能用估算解决这样的问题吗?

商品	单价	数量	总价
大米	30.6<31	2	<62
肉	26.5	0.8	<27
鸡蛋	10	1	10

1袋大米不到31元,2袋不到62元;0.8 kg肉不到27元;再买一盒10元的鸡蛋,总共不超过$62+27+10=99$(元)。够了。

小红

商品	单价	数量	总价
大米	30.6>30	2	>60
肉	26.5>25	0.8	>20
鸡蛋	20	1	20

1袋大米超过30元,2袋超过60元;1 kg肉超过25元,0.8 kg超过$25×0.8=20$(元)。如果买20元的鸡蛋总共就超过……

小亮

答:_____

回顾与反思

小亮和小红的估算方法有什么不同?

人教版二年级上册　　　　　人教版五年级上册

通过解读教材对解决问题的编排思路,就明确了最后一个步骤"回顾与反思"的教学意图就在于增强学生检查的自觉意识,掌握一些检查的方法,培养学生的反思能力。这是对以往解决问题的学习过程和学习目标的一个重要且必要的补充。为什么这么说呢?首先,回顾与反思是解决问题必不可少的一个环节。其次,在教学实践中,许多教师都发现学生不论是在检查的意识还是检查的能力上都存在明显的不足。"回顾与反思"环节,通过让学生经历解决问题的完整过程,有目的、有计划地培养学生理解问题、分析问题、解决问题及反思的能力,使学生逐步获得解决问题的一般方法,获得解决问题的"基本活动经验"。

明确了这一环节的教学意图,教师就要思考和探索如何开展好这一环节的教学,将对学生反思能力的培养落实在教学中。

首先要全面认识"回顾与反思"环节的学习内容,避免"回顾与反思=检查对错"的认识误区。波利亚的怎样解题表对"回顾"的内容作出了这样的阐述:你能够检验这个结果吗?你能否用别的方法得到这个结果?你能不能一下看出它来？你能不能把这一结果或方法用于其他的问题？

"你能够检验这个结果吗？"是要求解决问题后能够对得到的结果或论证进行检查。通过检查应用的知识是否正确，解决问题的方法是否正确、表达是否准确，从而确认结果是否正确。简而言之就是检查对错。

"你能否用别的方法得到这个结果？你能不能一下看出它来？"是针对解决问题方法的反思。一个题目的解答绝不是以获得答案为终点的。从建构数学认知结构的角度看，学生的认知结构应该是知识、方法和策略等构成的知识网络。因此"能否用别的方法得到这个结果"实际是鼓励"一题多解"，培养学生的发散思维。同时又要求学生在多解中"一下看出"最优的解法。简而言之就是探索多法，寻找优法。

"你能不能把这一结果或方法用于其他的问题？"这是针对结果和方法引申、推广的思考。一个结果反映一种普遍规律，一种方法解决一类问题正是数学的精妙所在。因此对结果和方法进行延伸和推广实现了学以致用的教育功能。

3 中国建筑中经常能见到"外方内圆"和"外圆内方"的设计。下图中的两个圆半径都是 1 m，你能求出正方形和圆之间部分的面积吗？

阅读与理解

知道了两个圆的半径是……

要解决的问题是……

分析与解答

"外方内圆"中正方形的边长与圆的直径长度相等。

从图（1）可以看出：

$2 \times 2 = 4$ (m²)

$3.14 \times 1^2 = 3.14$ (m²)

$4 - 3.14 = 0.86$ (m²)

图（1）

可是"外圆内方"中正方形的边长是多少呢？

可以把"外圆内方"中的正方形看成两个三角形，它们的底和高分别是……

从图（2）可以看出：

$(\frac{1}{2} \times 2 \times 1) \times 2 = 2$ (m²)

$3.14 - 2 = 1.14$ (m²)

图（2）

回顾与反思

如果两个圆的半径都是 r，结果又是怎样的？

图（1）：$(2r)^2 - 3.14 \times r^2 = 0.86r^2$

图（2）：$3.14 \times r^2 - (\frac{1}{2} \times 2r \times r) \times 2 = 1.14r^2$

当 $r = 1$ m 时，和前面的结果完全一样。

答：左图中正方形与圆之间部分的面积是 0.86 m²，右图中圆与正方形之间部分的面积是 1.14 m²。

以上三张图列举出教材中一些"回顾与反思"环节的具体编排，可以看出其内容全面体现了波利亚怎样解题中"回顾"的具体内容。因此，教师要细致地分析教材，明确每一个解决问题的"回顾与反思"的重点内容。一般低年级的"解答正确吗？"主要指向"得到的结果正确吗？"，从三年级开始有对结果和方法的思考，到了高年级又继续推进至方法的推广和延伸。因此逐题梳理时还应进行纵向梳理，整体把握"回顾与反思"的教学线索。明确每个年级、每个学段的培养重点在哪个层次，依据不同层次有计划有步骤地进行培养。

在全面把握"回顾"的内容基础上，还需要通过具体的学习活动引导学生经历"回顾与反思"的过程。池代英老师在执教三年级上册《简单的时间计算——解决问题》一课时，是这样组织学生进行回顾与反思的：

师：我们都想到了哪些方法解决问题？

生：看图数格的方法，还有列式计算的方法。

师：到此为止，这个问题我们解决完了吗？还需要做什么？（引导学生自觉检查）

师：说一说你会怎么检查。

生：刚才是通过计算解决的，现在我可以数钟表面上分针走的大格检查。

生：用 30 分加 15 分等于 45 分。

生：用 45 分减 15 分等于 30 分。

师：你们的检查方法都非常好，能试着给这些检查方法起个名字吗？像第一个同学说的，问题是通过计算解决的，检查时可以数钟面上分针走的大格，这是一种什么样的检查方法呢？

生：换另一种方法来解答，看和用第一种方法解答的结果一样不一样。

师：那后面两位同学都采用计算的方法检查，又有什么不同？

生：他们都是把求出来的结果当成已知条件去算，看得到的数是不是原来题目中给的条件。

师：这种方法我们也可以叫"带入检查"的方法。

师：回想解决这个问题的整个过程，我们做了哪些事？

生：先审题，理解题意，找到已知条件和要求的问题。然后分析，想怎么解决问题，列式计算。最后再检查结果对不对。

虽然教材中只呈现了对题目的检查，且方法只有一种，该老师结合学生"检查"的现状，从培养反思能力的目标出发，针对解决问题的方法、检验的方法以及解决问题的过程，带领学生们一一进行了回顾。特别是对学生检验的方法给予了充分的重视，用"你会怎么检查"打开学生的思路，鼓励学生找到不同的检验方法，并且能够将检验结果外显化，让"检查"落在实处。

"回顾与反思"环节的明确使反思能力的培养有了具体的载体，但要在教学中得以落实，还需要教师从研究教材、研究学生和研究教法出发，整体把握"回顾与反思"的学习线索和重点，采用有针对性的教学措施，相信学生，有效指导，严格要求，适度训练，切实培养学生的反思能力，为解决问题的过程画上完美的句号。

12. 如何实现"数学广角"类内容的教育价值?

在教学中，教师常常会觉得"数学广角""数学百花园"等内容的教学比较难，学生难以融会贯通地解决相应的问题，常常是简单地"套用公式"。到底怎样才能实现这类教学内容的教育价值呢?

这种独特的单独命名的方式，也足以说明其教学目标的与众不同。首先，来看看其所涵盖的具体内容：搭配、容斥原理、鸡兔同笼、方阵问题、田忌赛马，等等。教材中所呈现出来的都是一个个不同类型的问题，旨在让学生通过解决问题的过程，习得策略，参悟数学思想方法，积累数学活动经验。

以"搭配"这一教学内容为例。从表面上看是解决穿衣搭配或饮食搭配等问题，从知识和技能上看体现的是乘法原理的教学。但其实质的教学目标是在学生尝试解决这一问题的过程中，渗透相应的数学思想方法。在学生分析一件上衣对应 3 条裤子，另一件上衣又对应 3 条裤子时，学生在想办法做到不重、不漏时，感悟到有序思考以及一一对应的思想；通过对比学生记录搭配过程时所采用的不同方式，也能培养学生的符号意识，渗透乘法原理，同时让学生感受到数学表示的简洁性。

再以"数与形"这一教学内容为例。通过研读教材，刘延革老师制定了如下教学目标：通过探究图形和数的问题，使学生发现数与形之间的联系，体会数形互助的特点，积累数形结合思考问题的经验，同时渗透归纳推理和极限思想。

因此，在研究两道例题之后，刘老师有了如下教学设计：

其一，以形助数，解决生活中的销售问题。

月　份	一	二	三	四	五	六	七	八	九	十	十一	十二
销量（箱）	72	62	79	68	77	69	82	71	89	92	99	105

当老师追问"超市下一年还继续进货卖这种饼干吗？"时，只有个别学生犹豫地回答"进吧"。此时老师提出把这些数据制成折现统计图，再来感受一下。

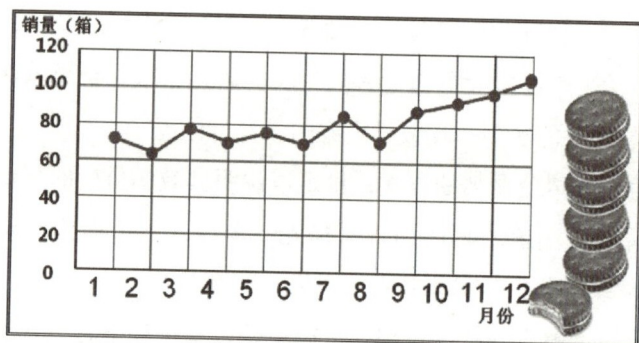

一看到统计图，学生立刻坚定地齐声答道："进！"并进一步解释，因为销售量越来越多，呈上升的趋势。这让学生直观体会到在解决这一问题时是"形"帮到了"数"。

其二，以数解形，解决生活中的运输问题。

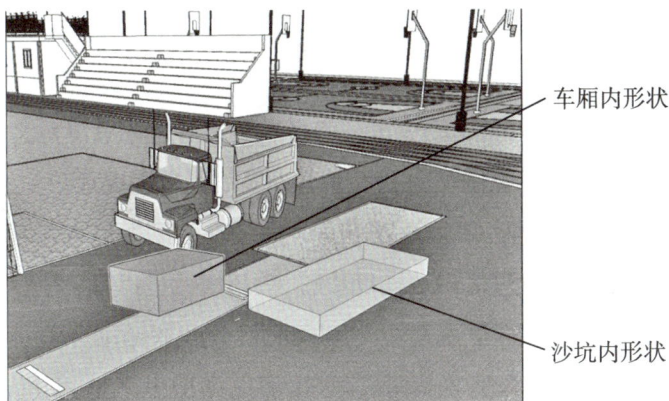

车厢内形状

沙坑内形状

"如果这样一辆卡车，想把这个沙坑里的沙子拉走，能不能一次把沙子全部拉走呢？我们把车厢内的形状和沙坑内的形状提取出来，同学们观察一下。"面对这一问题，学生集体了沉默两三秒钟，接着主动追问：老师能给我们数据吗？老师顺势给出了相应数据。

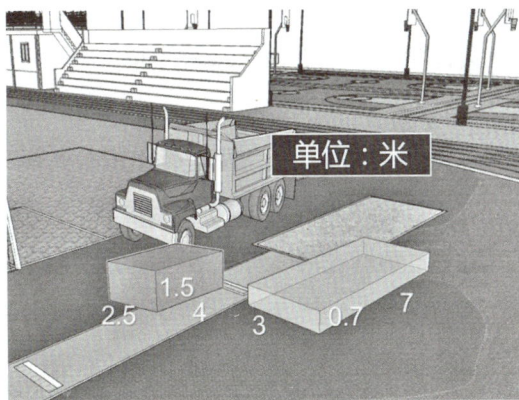

单位：米

1.5
2.5   4   3   0.7   7

有了数据，学生很轻松地解决了这一问题，并深刻地感受到"数"对"形"的帮助。

有了以上双向的体会，刘老师进一步请同学们思考：在数与形互助的过程中，数的优势是什么？形的优势是什么？学生水到渠成地感受到：数是准确的；形一目了然。

在总结中，刘老师引用了华罗庚的话："数缺形时少直观，形少数时难

第❶辑 · 如何把握教材

入微；数形结合百般好，隔离分家万事休"，使学生对"数与形"的感悟得到了进一步的升华。

本教学活动的设计，借用了学生熟悉的统计和体积计算的知识。用统计图让学生感受"形"的直观冲击；用长、宽、高的数据让学生感受"数"的精准刻画。这样让学生在解决问题的过程中体会到数形本身是一对好朋友，"数形结合"的思想适时地得以渗透。引领学生在解决"老问题"时，换个角度又有了"新思考"，让学生切身感受到"数形结合"是老友而非新朋，"数形结合"是理所当然而非刻意而为。

"新课标"指出："课程内容不仅包括数学的结果，也包括数学结果的形成过程和蕴涵的数学思想方法。"由此可见，教师不应只将眼光局限在例题所呈现的知识和技能上，更应该关注其在形成过程中所积累的数学活动经验，解读出其所蕴涵的数学思想方法。当然，如果教学中能通过一个问题感悟某个数学思想方法，还能将其回归到以往的学习中，延伸到其他方面的研究上，就会让学生积累更为丰厚的体验，对相应的数学思想方法有更为深刻的体会。

韩国数学教育家朴炅美曾说过："数学不仅其本身具有无可替代的重要性，而且在学习数学过程中培养起来的思维能力，也广泛应用于别的领域。""数学广角"和"数学百花园"等内容则更为突出地体现了数学学科思维能力的培养，因此在教学此类内容时更应关注其所承载的培养学生数学思考的教育价值。

13. 小学阶段的简易方程教学应注意什么?

　　"简易方程"单元是小学高年级"数与代数"领域中的重要内容,是发展学生代数思维的重要契机。然而许多教师对这部分内容的教学存在一些困惑:方程的意义是什么?有的学生列方程解决问题很困难,只会用算术方法行不行?解方程时,等式性质和算式关系选哪个?……其实把握准"简易方程"单元的核心价值,就能够更好地分析和处理这些具体问题了。

　　例如,人教版五年级上册《方程的意义》:

　　教材借助学生熟悉的天平作为直观模型,帮助学生在认识等式的基础上认识方程。进而教材用更符合小学生认知需求的描述性语言概括出了"什

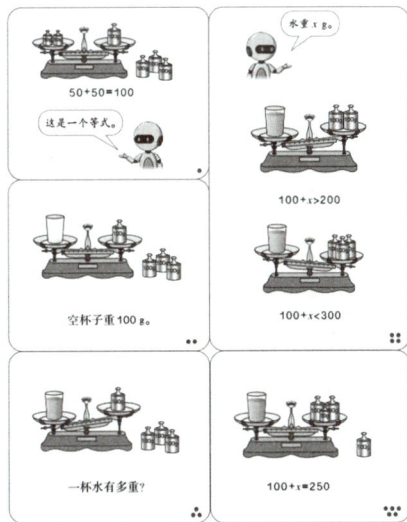

2. 解简易方程

方程的意义

50+50=100
这是一个等式。

空杯子重100 g。

一杯水有多重?

水重 x g。

100+x>200

100+x<300

100+x=250

么是方程",即"像100+x=250,3x=2.4……这样,含有未知数的等式就是方程"。那么,方程意义的教学是否只是让学生记住这句话,并能够用"含有未知数"+

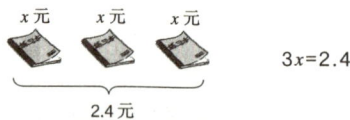

x元　x元　x元

$3x=2.4$

2.4元

> 像100+x=250,3x=2.4……这样,含有未知数的等式就是**方程**。

"等式"两个要点进行判断就行了呢?我们走进吴正宪老师执教的《方程的意义》的教学片段来看看:

老师在黑板上贴了一个天平模型,陆续在天平的托盘上放代表不同质量的砝码。老师每放一个就引导学生用肢体语言(手臂动作)表示天平的状态(平衡或不平衡)。在这个活动中每个学生都边观察,边比画,将看不见的"关系"用看得见的动作表示出来。随着砝码的增加,天平平衡了。这时老师要求学生用数学语言(算式)记录这个现象。

生:50=30+20。

生:20+30=50。

这时老师提出:将"20"的砝码拿下来,天平会怎样?请记录这个现象。

生:30<50。

生:50>30。

(1)初步感悟。

老师拿出一个未知质量的核桃(图),可以用x表示,如果这个核桃落入盘中,想象一下,天平可能出现什么情况?(学生借助肢体演示并记录不同的关系)

情况一:平衡。

生:x=50-30。

生:50=30+x。

生：30+ □ =50。

情况二：不平衡。

生：$x+30>50$。

生：□ +30<50。

情况在不断变化，随着天平上物体的增加或替换，学生又陆续列出了多个算式：

$2x=50$　　$2×（　　）=50$　　$2a=50$　　$120+180=300$

（2）再次感知。

师：把120克的苹果换成不知道的 x 克，想象一下，这个苹果落入盘中会有几种情况出现？用算式记录下来。

生：$x+180>300$；$x+180=300$；$x+180<300$。

师：刚才大家观察着天平的现象，我们"称出"了这么多算式，这么多乱糟糟的，接下来该做些什么呢？

生：分类。

在教师的引导下，学生对所有的算式进行了分类，认识了等式和不等式。在此基础上聚焦等式，通过与以前就认识的等式进行对比又分为含有未知数和不含未知数的两类，进而完成了对方程的初步认识。

在这个教学片段中，吴教师始终借助直观的天平帮助学生感受"平"与"不平"，进而用算式记录各种现象，这背后的核心是对关系的刻画与抽象。为了引导学生逐渐完成对关系的抽象认识，吴老师的设计富有层次，有看着天平写算式，也有想象天平的状态写算式。在根据想象写算式时又分为写出一种和写出一组两个层次的要求。这样的活动是在引导学生经历对"关系"的关注、对"关系"的刻画和对"关系"的全面分析的认知过程，进而形成对方程内涵的深入理解。这与有的教师直接提供给学生各类算式，让学生只依靠表面观察进行分类，进而得出对方程意义的字面理解的思维价值是截然不同的。

不少教师将方程意义的学习等同于让学生记忆"含有未知数的等式叫方程"这句话。其实，概念的理解与定义的记忆并不是一致的，对于方程的意义要加强两方面：第一，方程刻画的是等量关系，用等号将相互等价的两件事情联系起来。在刻画过程中，将未知数看成和已知数同等的地位。第二，把方程看成是刻画现实世界中相等关系的重要模型。

这个教学片段引发教师们的思考：在小学阶段，简易方程教学的核心目标是什么？教学中应该注意些什么？

在数学算式的表达中，使用了字母符号就意味着代数学的开始，因此可以说，符号表达为方程、函数等代数学核心内容的出场作好了准备。因此，"简易方程"单元是小学阶段乃至整个基础教育阶段数学非常重要的核心内容。它肩负着引导学生从算术思维向代数思维发展的重要任务。因此，在这部分内容的教学中，教师需要准确而深刻地把握教学目标，从解题教学转向思维教学。关于"解题时，方程与算术方法如何选择？""解方程是否必须用等式性质？"等问题，都应立足于学生代数思维的发展来进行分析，而不能仅仅以"易掌握"和"有经验"来判断。关于列方程，引导学生用方程描述现实世界中与数量有关的两个故事，其中用字母表示未知的量，其背后的核心是对学生代数思维的发展；关于解方程，基本原则是利用等式的性质。这样学生掌握的是解方程的通性通法，并有利于更好地把握方程的本质。因此，对于小学阶段的"简易方程"教学，建议教师们把握好以下几点：

（1）打好算术的基础，为学生从算术思维向代数思维过渡作好积淀。

（2）"字母表示数"是从算术思维迈向代数思维的起步，要提前作好孕伏。

（3）抓住方程思想的本质、核心，体现其价值和意义。

14. 小学数学教学中典型的数量关系模型有哪些?

　　模型思想是"新课标"中新增加的核心概念,而且是唯一用"思想"命名的核心概念,可见其在数学发展和数学学习中的重要性。对于在教学中落实模型思想,教师们也有一些困惑,比如"小学阶段有哪些数学模型""如何渗透模型思想"……要回答这些问题,需要先认识和理解模型思想的含义和要求。

　　"新课标"中对模型思想的解释为:模型思想是学生体会和理解数学与外部世界联系的基本途径。建立和求解模型的过程包括:从现实生活或具体情境中抽象出数学问题,用数学符号建立方程、不等式函数等表示数学问题中的数量关系和变化规律,求出结果并讨论结果的意义。

　　从上面解释中可以认识到,模型思想的本质是使学生体会和理解数学与外部世界的联系。正如史宁中教授在《数学思想概论》中所指出的:"数学发展所依赖的思想在本质上有三个:抽象、推理、模型……通过抽象,在现实生活中得到数学的概念和运算法则,通过推理得到数学的发展,通过模型建立数学与外部世界的联系。"中小学阶段的数学模型一般指针对特定现实问题或具体事物对象进行数学抽象所得到的数学模型,它强调的是模型的现实性,强调的是用数学的方式、数学的语言表达现实世界中的事情。因此用字母、数字及其他数学符号建立起来的代数式、关系式、方程、函数、不等式及各种图表、图形等都是模型。

在小学阶段的教学中，有两个重要的数量关系模型，一个是总量模型，一个是路程模型。总量模型主要反映了总量与部分量之间的关系，部分量之间的运算要用加法，因此也被称为加法模型，用"总量 = 部分量 + 部分量"来表达。路程模型反映了距离、速度、时间之间的关系，如果假设速度是均匀的，这一关系可以表示为距离 = 速度 × 时间，由于这种关系强调的是乘法，因此也被称为乘法模型。

对于乘法模型，"新课标"课程内容又进一步明确了小学数学需要学习的两个基本数量关系，即：总价 = 单价 × 数量，路程 = 速度 × 时间。这两个数量关系，一个是物理模型中的"路程、速度和时间"的关系，一个是经济模型中的"总价、单价和数量"的关系，它们不仅在生活中有着广泛的应用，而且也是学生进一步学习的两个重要的基本模型。

在小学数学教材中，一般在四年级开始正式学习这两个数量关系模型。但在第一学段中，学生已经有了解决"一千克苹果 4 元，买 5 千克苹果要付多少元""小明每分钟走 60 米，10 分钟能走多少米"等问题的学习经历和解题经验。而这些问题的解决，为四年级正式学习数量关系奠定了基础。在四年级正式学习数量关系时，教师要引导学生经历数量关系模型的建立过程，理解速度、单价的意义，以及三量之间的关系，能运用数量关系模型解决生活中的实际问题。在进入到比例学习后，学生还将在正比例和反比例的学习中进一步认识三量的关系，感受当一个量一定时，其他两个量的相互依存的变化规律。

例如，朱德江执教的四年级《路程、时间与速度》一课，具体环节如下：

1. 三量关系的初步构建——体会速度与路程、时间有关系。

教师呈现了"张明上学走了 4 分钟，利红上学走了 6 分钟"的信息，请同学们帮忙比一比上学路上谁走得快。由于信息的缺失，学生无法解决，在产生补充信息的需求中，学生深刻地感受到速度与时间和路程有关系。

教师给出路程，学生尝试解决。针对给出的 70 米、80 米表示的含义进行思考、讨论，学生初步体会速度的含义。

2.三量关系的再次构建——速度表示单位时间内通过的路程。

呈现两个求速度的问题情境：

（1）神七飞船在太空 5 秒飞行了 40 千米，神七飞船的速度约是（　　）。

（2）小青骑自行车，2 小时骑了 16 千米，小青骑自行车的速度是（　　）。

学生独立解决后，教师引导学生进行比较。通过比较两个情境中结果的不同点，体会到表示速度需要明确路程和时间，理解了速度单位的书写方式；同时也找到了计算速度的共同点，归纳总结出"速度＝路程 ÷ 时间"的关系式。

3.三量关系的再次建构——运用其中的两个量可以表示第三个量。

教师呈现不同情境下的速度，组织学生讨论每种速度的含义。学生根据对速度的认识和生活经验，进一步体会了速度的含义，同时也将数学概念和生活建立了联系。进而在解决实际问题中，探索如何由两个量求出第三个量，从而对三量关系有比较完整的认识。

朱老师带领学生经历了二次主动构建，完成路程、速度和时间关系的认识和理解，建立了数量关系模型。在建模过程中呈现了多种不同情境下的速度，使学生感受到了速度在日常生活中广泛存在，虽然不同情境下表达的意思不同，但都体现了单位时间内的通过路程；同时感受到这种速度、路程和时间的关系能解决生活中的一类问题，而这也正体现了模型思想的本质。

模型思想作为一种思想，要真正使学生有所感悟需要经历一个长期的过程，需要通过具体的数学学习活动的经历和体验逐步渗透，慢慢积累。"新课标"根据数学建模的一般步骤，从数学课程的实际情况出发，将建模过程简化为三个环节：

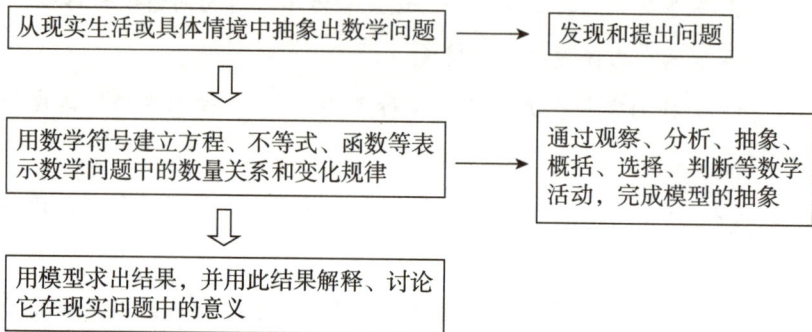

从现实生活或具体情境中抽象出数学问题	→	发现和提出问题
⇓		
用数学符号建立方程、不等式、函数等表示数学问题中的数量关系和变化规律	→	通过观察、分析、抽象、概括、选择、判断等数学活动，完成模型的抽象
⇓		
用模型求出结果，并用此结果解释、讨论它在现实问题中的意义		

在这三个环节中，发现和提出数学问题是建模的起点，用数学的方法表达数量关系和变化规律是建模的最重要的环节。经历这样的三个环节，学生不仅获得知识和技能，更重要的是积累思想、方法和经验，获得积极的情感体验。

结合具体的课程内容渗透模型思想，教师要准确理解和把握模型思想的含义和要求，梳理小学数学学习内容中的数学模型，掌握数学建模的一般步骤，并以此为依据结合具体的学习内容转化为一个个具体的数学学习活动，引领学生经历活动的过程，不断感悟，逐步渗透，这样才能使模型思想在教学中真正落在实处。

15. 如何培养学生用方程解决问题的意识？

方程是为了寻求未知数，在未知数和已知数之间建立起来等量关系。它是把未知数和已知数联系起来，使我们借助这一关系，找到我们需要的未知数。史宁中、孔凡哲在《方程思想及其课程教学设计——数学教育热点问题系列访谈录之一》中提到：学生学习方程的意义表现在两个方面，一是学习在生活中从错综复杂的事情中，将最本质的东西抽象出来，这个过程是非常难的，也很有训练的价值；二是在运算中遵循最佳的途径，将复杂的问题简单化，这种优化思想对于人的思维习惯的影响是深远的。

方程的重要价值无可厚非。但从教学实际情况来看，相当一部分学生在学习方程时并没有从心里真正地接纳。相反，由于教材中涉及的题目比较简单，绝大部分学生继续沿用算术的方法就能顺利地解决问题，即使有时用方程法解决问题也是遵从于题目本身的要求。例如：一件定价200元的运动衣，按八五折出售，降了多少钱？学生解题时，假设降了 x 元，并列出方程式：$x=200-200 \times 0.85$，得 $x=30$，其实学生运用的仍属算术思维。为什么会出现这样尴尬的局面呢？一是学生嫌列方程解决问题繁琐；二是要解决的问题相对简单；三是学生的思维是算术思维，缺少代数思维。我们可以从以下三方面入手，培养学生用方程解决问题的意识。

首先，梳理教材，早作孕伏。在正式学习方程前，教材中多处蕴含着方程思想，只是未知数用括号、方格、圆圈等代替。我们可以沿着相等关系与变化关系两条基本线索，从数的相等、式的相等、量的相等、运算中的规律、图形中的规律等方面，对教材中蕴含的代数思维进行梳理，找到渗透点，早作孕伏。如一位教师结合二年级"□里是多少"这个内容进行了这样的设计：

问题呈现：人教版二年级下册练习

$4 \times \square = 36$　　　$6 \times \square = 42$　　　$63 \div \square = 7$

$32 \div \square = 8$　　　$48 \div \square = 6$　　　$9 \times \square = 54$

例如：$4 \times \square = 36$。

引导观察：和以前学习的乘法题有什么不一样？方格代表什么呢？

明确问题：原来是知道因数求积，现在是知道一个因数和积，求另一个因数，方格代表的就是这个因数。

提出问题：$4 \times \square = 36$，方格代表几呢？你是怎么想的？

学生可能的回答：

（1）4乘几等于36，想"四九三十六"，所以方格代表9。

（2）因为36除以4等于9，所以方格代表9。

引发思考：怎么证明□是9呢？（可以正向思考，也可以逆向思考。）

再例如：$63 \div \square = 7$。

引发思考：□代表的是几？怎么说明求出的数是对的？

学生可能的回答：

（1）想乘法口诀"七几六十三"。

（2）想63除以7等于多少。

（3）因为$63 \div 9 = 7$，所以说明□里是9，结果正确。

明确认识：

（1）保证"="两边相等，可以用乘法想乘法，也可以用除法想乘法。

（2）除法也是这样，既可以用除法顺着想，也可以用乘法逆着想。

因为算术关系的理解是学习代数的必备前提，所以这个设计从算术的角度入手，通过变换形式培养学生的运算能力。运算能力的培养是数学思维向早期代数思维转化的桥梁。在多种方法解决算术问题的过程中，帮助学生从算术学习向代数学习过渡，发展代数思维。

其次，在具体情境中体会对消的代数思想。什么是对消呢？比如，正负对消就是解方程时的移项。于雪梅老师在执教《解方程》一课时，以天平为工具，设计了让学生观察天平的环节：

●观察天平，你发现了什么？
●能把你的发现用式子表示出来吗？

●如果要让天平平衡，右面的托盘中应该放进什么呢？
●能把你的发现也用式子表示出来吗？

●你能用含有字母的式子表示出菠萝的质量吗？

1个菠萝=2个苹果

4个苹果+2个苹果=6个苹果
1个菠萝+1个菠萝+1个菠萝=3个菠萝
2个苹果+1个菠萝+1个菠萝=2个苹果+2个菠萝

$100+100=x, x=200$

于老师在设计上打破运用算术逆向思维的方法，让学生在具体的情境中体会对消的代数思想。由天平上放的具体实物发现二者之间的数量关系，进而在保持平衡的基础上进行等量代换。学生在具体情境中体会对消的思想，克服了通常教学中所用的加减或乘除的逆向思维。

最后，在建立方程模型时，要联系生活，让学生真正接受方程。在认识方程后，陈千举老师设计了"让方程回归生活"这个环节。

引导学生说说"$20+\square=100$""$2y=40$""$80-z=20\times2$"能表示生

活中哪些事情，重点结合"20+ □ =100""20+x=100"讲生活中的故事。

请一个学生和自己站在一起。

师：我们两个这样一站，有方程吗？

（让学生以站在一起的师生为素材，寻找方程。教师有目的地追问，突出等量关系。学生想到从身高、年龄等方面寻找等量关系。如关于身高，学生想到了x+32=180、180-x=32、180-32=x等方程。）

陈老师的设计将抽象的方程与具体的生活情境建立起联系，让学生换个思路理解方程，从而加深和丰富学生对方程意义的理解。

列方程解决问题是一种不同于算术方法的解决问题的策略，要让学生自觉接受并运用，确实需要一个过程。只要我们从学生的困惑点、需求点出发，认真梳理教材，整体把握小学阶段代数思维的脉络，提高对代数思维的认识，设计培养学生代数思维有效教学的意识，相信方程解法一定能根植于学生的心中。

16. 估算教学的价值是什么?

从教学内容上看，估算教学所占课时比重不大，但对于提升学生的数学素养有着非常深远的意义。法国脑科学家研究了人们在进行精算和估算时大脑的反射部位，研究结果表明：精算主要激活脑左额叶下部，与大脑语言区有明显重叠；估算主要激活脑双侧顶叶下部，与大脑运动知觉区联系密切。因此，就价值而言，根据脑科学家的研究成果，很可能会有这样的区分：精算有利于培养学生的抽象能力，估算有利于培养学生的直观能力。抽象能力与直观能力是人们日常生活和生产实践中必不可少的两种能力，这两种能力都是数学素养的根本。"新课标"学段目标、内容标准和实施建议中都有估算内容，对估算教学提出明确的要求，并通过具体案例引导方向。估算是解决不需要精确值问题的一种策略，其要解决的实际问题一般是有现实情境的，在分析问题作出合理的选择判断的过程中又有助于形成良好的数感。

上述关于估算价值的理性思考，小学生很难理解和体会。他们喜欢并认可具体的、确定的事物和现象，很难判断出"估算"的必要性。于是出现了"让我估，我就估""先精算了，再改成估算"等现象。如何帮助学生体会估算在解决实际问题中经常用得到，估算与精算相互补充，在实际运用中有不同的功能呢？吴正宪老师的估算教学为我们提供了一个丰富的案例。吴老师设计了青青购物、曹冲称象、春游租车、安全过桥等几个学生熟悉的情境，每一个情境都有明确的目的，其中春游租车和安全过桥情境问题的解决着重引导学生感悟、体会估算的价值。

教师先出示问题：350 名同学要外出参观，有 7 辆车，每辆车 56 个座位，估一估够不够坐？学生独立思考后有了以下交流活动。

师：够不够坐？

生：太够了。

师：太够了是什么意思？你是怎么估的？

生：我是把 56 个座位看成 50 个，一共是 350 个。可实际上每辆车有 56 个座位呢，所以太够了。

生：我是大估的，把 56 看成了 60，60 乘 7 等于 420，所以够用。

生：我觉得可以把 56 看成 55，然后 55 再乘 7。

师：好！既然有这么多估算的方法，那么对于这个问题，你们认为小估好一点，还是大估好一点？

（学生用手势选择，认为小估好。）

师：为什么遇到这个问题要小估呢？有什么经验吗？

生：因为小估成 50 个座位都够了，按实际的 56 来计算就更够了。

师：为什么不选择大估呢？

生：本来每辆车只有 56 个座位，你估成 60 个了，万一来的多了，就有可能不够。

师："万一"这个词挺重要的。你看，本来是 56 个座位，你估成 60 了，那 4 个有吗？

生：（齐）没有。

师：7 辆车，就多算了 28 个座位。本来没有这 28 个座位，万一人数再多一点，就有可能怎样？

生：（齐）不够了。

师：所以我们在估的时候要向这个同学学习，要考虑"万一"的情况。如果在这种情况下，就比较保险。其实学数学的人，需要养成一种严谨的思维，要考虑到"万一"的情况。

教师出示汽车过桥问题：一辆自重 986 千克的汽车，装有 6 箱货物，每箱重 285 千克。这辆车能否通过限重 3 吨的大桥？（通过师生交流确定用大估的方法，略。）

师：有问题吗？

生：（齐）没问题。

师：我可有问题了，刚才估座位你们说小估保险，现在过桥问题你们又说大估好。到底大估好，还是小估好？再遇到第三种情况怎么办？我也糊涂了。

生：大估、小估都好。但是要看用在什么地方。该用大估就大估，该用小估就小估。

生：那可要看情况了，不同的情况采取不同的估算方法。

师：是啊，你们说得真好，我们总结了这么多估算的方法，确实要看具体情况而决定用什么样的估算方法。学到这儿，我悟出了点儿味道。

（判断并说理，略。）

师：下课铃马上响了，你想说什么？

生：我认为学了估算，所有的计算都变得简单了。

师：其实数学就是帮助你们把复杂的事情变简单。

生：有的地方不必用精确计算，用估算比较方便。

生：估算，也有一定的范围。

生：估算在我们生活中原来有这么大的用处呀。

生：我知道什么时候需要用估算，什么时候要精确计算，而且用估算的时候要具体情况具体分析。

师：具体情况具体分析，你的感悟很深刻，这就是数学的智慧，让我们都来做充满智慧的人。

"乘车""过桥"都是生活中的具体问题，学生在解决问题中交流不同的估算方法，在进一步辨析中体会需要根据问题灵活选择（小估、大估、中估、大小估、四下五上估……）的重要性，对估算价值的理解逐步深入。正是在这些"合适"的"实际"背景下，再加上教师朴素自然的追问，学生将"估算"内化了。他们领悟到"估算"是解决问题的一种策略，选择估算方法要"具体问题具体分析"，这是数学的智慧。

一个人日常生活中进行估算的次数，比精确计算的次数多得多，估算在日常生活中有着广泛的应用价值和数学价值，能否将这些理性的价值传递给学生，活跃他们的思维，让他们感悟探索数学的奥秘，需要教师去捕捉、去设计具有"生命力"的真实问题。

17. 综合与实践活动的内涵是什么?

"新课标"在小学数学教学中设置了"数与代数""图形与几何""统计与概率""综合与实践"四部分内容。其中综合与实践活动是以问题为载体，以学生自主参与为主的学习活动。让学生在解决问题的过程中，经历发现问题、提出问题，经历把实际问题转化成数学问题，经历设计解决问题的方案，以及团队合作解决问题等。在这样的实践活动中，学生可以学会综合运用知识方法解决问题，学会科学合理地设计解决问题的流程，学会与人合作交流、克服困难……综合实践是积累数学活动经验、培养学生问题解决能力的重要载体。

综合与实践活动有两个重要的特征：

一是综合性，主要表现在：学生在解决问题的过程中，不仅要综合数学知识中各领域（数与代数、几何、统计）的知识，还要运用其他相关学科的知识；不仅要运用知识，还要运用学生的生活经验、解决问题的各种方法和工具，以及与人交往、沟通、协作等各方面的能力。

例如，"新课标"中的案例"象征性长跑"问题：

为了迎接奥运的召开，某小学决定组织"迎接圣火、跑向北京"的象征性长跑活动，学校向同学们征集活动方案，请你参与设计，其中要解决的问题有：

（1）调查你所在的学校到北京天安门的距离约有多少公里？

（2）如果一个人每天跑一个"马拉松"，要几天能完成这项长跑？

（3）如果全班用接力的方式开展这项活动，请你设计一个合理的活动方案。

（4）全班交流、展出同学们的不同方案，说明各个方案的特点，同学之间评价方案的优缺点，推荐本班的最佳活动方案。

完成这个问题，学生不仅要用到一定的数学知识、地理常识、对马拉松这个体育项目的了解，还会用到具体的测量长度和调查数据的不同方法，以及合理、周密设计方案的能力，接力完成任务的协调配合能力等等。例如第一个问题，学生就会用不同的收集"距离"的方法，可以上网查阅现有的资料，可以根据地图上的路线，利用比例尺知识计算距离，也可以请教老师、家长或专业部门获得信息。要想得到两个地点的实际长度，可能需要用到几种获得长度的方法，分段进行统计，甚至还要考虑什么路段适合长跑（能够满足长跑的路线），这样才能获得确切的数据。这个看似简单的小问题，就需要学生综合运用知识、方法、生活经验来解决，充分体现了解决问题的"综合性"。

二是过程性，指教师通过问题引领，让学生全程参与实践的过程，经历相对完整的学习活动。过程性主要体现在学生要有足够的时间和空间经历观察、实验、猜测、计算、推理、验证等活动过程，也就是学生必须经历思维活动的过程。同时，活动形式上要鼓励学生独立思考、多采用诸如小组合作、实景观察、实地测量、动手操作、直接收集数据、问卷调查、真实数据计算等活动形式，使学生能真正"动起来"。

例如，"树干的横截面为什么是圆的？"

教师上课先出示中国北方的树木和南方的树木、欧洲的树木等等，让学生观察、思考，于是学生有了发现：为什么所有树干的横截面都是圆形的？进而学生借助经验进行猜想：是不是跟吸收水分、获得土壤里的营养、接受阳光等生长因素有关系？接下来，以小组为单位进行深入研究：树干的横截面长成圆形的原因。学生通过计算、实验、查找资料得到：当周长相等时，圆的面积最大，圆形的树干具有更大的支撑力，能够抵抗大风，减少损伤。在这个过程中，学生经历了观察、猜测、实验、计算、推理等活动过程，同时以小组合作的形式，进行实验、收集信息、计算相关数据等。通过问题的引领，学生思维和行为都"动"了起来，这时综合实践就有了过程性。

综合实践活动是以"问题"为载体，以学生"自主"参与为主的学习活动；两个主要特征是"综合性"和"过程性"。综合性是否能体现出来，主要看"问题"设计得好不好，待解决的问题是不是需要学生综合运用知识、经验、方法、工具、能力等去解决，所以综合实践的首要前提是要有一个好问题。过程性是否能体现出来，主要看"自主"的空间有没有，有了好问题，还需要学生自己（或在教师指导下）探索、尝试，这样才能积累起丰富的活动经验，提高学生问题解决的能力。

18. 教材中综合与实践内容如何实施?

　　综合与实践活动为学生提供了综合运用知识、方法、生活经验、各种能力实际解决问题的平台,在用数学、做数学的过程中积累数学活动经验、丰富学生的实际获得、提高数学核心素养。

　　综合与实践活动的实施基本上包括四个环节。以第一学段为例,首先是选一选,问一问。根据低年级学生的年龄特点,综合与实践的问题可以由教师事先设计并提出。教师要注意引导学生认真地读懂题目、理解意思、明确要求,要使学生能充分自主地进行综合与实践活动,选择恰当的题目是很关键的。其次是想一想,议一议。有了好的问题不等于就有好的结果,要特别提倡学生在动手解决问题之前,先仔细地想一想,说一说,不要盲目地动手去做,通过思维的碰撞互相启发,确定解决问题的方法。然后是试一试,做一做。教师要放手让学生参与,启发和引导学生进入角色,组织好学生之间的合作,照顾到所有的学生,及时帮助、鼓励学习有困难的孩子自主地做出力所能及的结果。同时要提醒学生感悟数学的功能、价值。在这个过程中培养学生学习数学的兴趣、习惯。最后是讲一讲,评一评。在评价时,教师不仅要关注结果,更要关注过程,允许学生失败,要从失败中找原因,积累经验,这也是综合与实践的内涵之一。要鼓励引导学生充分利用综合与实践的过程,积累活动经验,要鼓励学生在交流中，展示自己的思维过程。交流收获的体会，表现创造的潜能，体现合作的价值。

例如，"在学校两栋楼之间的草地上设计一条石板小路"这个综合与实践活动。

首先是通过选一选、问一问确定问题。这个问题确定得非常好，它来源于学生的实际生活，又综合了多方面的知识、能力，还能让学生真正感受到学习数学的价值。为了让学生感受到小路的设计和石板之间的距离有关系，在课前，教师设计了一个过"石板小路"的游戏，让学生发现"走路"的快慢和石板之间的距离有关系。紧接着教师出示一个生活中的实际问题：在一块草坪上铺一条小路，你觉得需要考虑什么？（颜色、形状、石板之间的距离……）教师紧接着追问："你认为什么是最关键的？"（确定石板之间的合适距离是多少）很自然地确定了本次活动研究的核心问题。

其次是想一想，议一议。教师引导学生想一想怎样能找到石板之间的合适距离，需要哪些工具、如何分工……在小组交流的基础上帮助学生梳理实施方案。最后明确了测量的方法，为下一步具体实施铺平了道路。

然后是试一试，做一做。按照设计方案具体实施。学生到操场上按照预定的方案分组进行实际操作，测量两脚之间的距离，不同组可以采用不同的方法，每次测量后做好记录，然后统计数据，运用数学知识得出结论，从而解决了在草坪上铺路的问题。

最后是讲一讲，评一评。问题解决后要引导学生反思问题解决过程中的得与失，从实践的过程、结果、解决问题的方法、小组合作等多维度进行评价。在自我评价、互相评价的基础上，教师适时点评，肯定学生的收获。帮助学生积累活动经验，提高学生的数学核心素养，为后续学习打下坚实基础。

第二学段的综合实践活动的实施与第一学段一样，也要经历以上四个环节，只不过随着学生年龄的增加、经验的积累，要求也会更高些。此阶段问题应该由学生自主提出、确定。在议一议的基础上独立设计活动方案，要综合考虑人员分工、场地、工具……由于此时的问题较为复杂，在具体实施阶段往往需要一段时间完成。在交流汇报环节，学生的展示形式也应该更为丰富，如手抄报、PPT……逐渐积累活动经验。最后还可以引导学生将经验进行迁移，用积累的经验再次解决类似的问题，达到"举一反三"的目的。

总之，综合实践活动的实施要经历四个环节。在进行综合与实践活动时，确定有价值的研究问题是非常重要的。问题既要符合学生的年龄特点、贴近学生的生活，还要让学生综合运用所学知识。在具体实施过程中，以上四个环节是缺一不可的，但可以在此基础上增加某些环节。通过开展综合与实践活动真正促进学生的全面发展，提高学生的核心素养。

19. 如何培养学生的数感?

现在很多教师都意识到,在教学中不仅要落实知识和技能的教学目标,更要关注学习过程中学生能力的培养。比如在有关"数与代数"的教学中培养学生的数感。英国数学教育家安吉莱瑞说过:"孩子们具有'数感'的典型特征是他们能对所遇到的数字模式和计算过程做出归纳,并能把新知识和已有知识相联系。"那么,如何在有关认数、数的运算的教学过程当中,进行归纳、建立联系,进而培养学生的数感呢?

首先,引入学生常见的现实情境,丰富学生的"数感"。例如:购物、分蛋糕、量身高等,都能很好地激发学生的兴趣,我们可借用各种具体的"量"帮助学生体会抽象的"数",建立起相关数的模型。

其次,借用"数数"的活动,使隐藏的"数感"外显出来。例如:在认识 100 以内的数时,请学生结合具体实物逐一点数;在大数的认识中,请学生在数轴上一万一万地数,或者一千万一千万地数等;在学习分数意义时,请学生仿照数自然数的方法数分数(如 $\frac{1}{9}$, $\frac{2}{9}$, $\frac{3}{3}$ ……);等等。这样在"数数"的过程中,不仅能数出大小和多少,还能数出计数单位及其个数、数出数和数之间的关系。

再次,对比"运算"中的关系,深化学生的数感。随着学生对数和数

第
一
辑
·
如何把握教材

量的认识越来越丰富，还需要教师引导学生借助转化、对比、归纳、直观等辅助手段更多地积累对数的大小和关系的感悟。

例如，人教版二年级下册《有余数的除法——除法算式中的关系》一课，主要呈现的是除数与余数之间的关系，但受余数小于除数的影响，学生总是会产生余数也比商小的误解。面对这个问题，一位教师设计了如下教学环节：

小猴妈妈把 14 个桃子平均分给 4 只小猴子，余下的猴妈妈自己吃，小猴分几个，妈妈分几个？

这道题很简单，学生几乎都做对了。教师接着追问："是不是不论猴妈妈摘得多少桃子，猴妈妈分得的桃子总是比小猴子少呢？"

学生先是一愣，接下来就是一通不假思索的评判。大部分学生胸有成竹地说："余下的才给妈妈，不管摘多少妈妈分得的一定少。"少数学生含糊地说："不一定吧？"

教师请学生试着举出例子来说明自己的观点。学生举了如下例子：

$25 \div 4 = 6$（个）……1（个），猴妈妈分得的更少了。

$16 \div 4 = 4$（个），没有余数，猴妈妈一个也没分到。

学生在继续找的过程中似乎更证实了猴妈妈分得的一定少的结论。

这时老师并没有急于"扭转"，而是让学生继续找"不同"的例子。

$15 \div 4 = 3$（个）……3（个），一名女生突然举了这样一个例子，其他学生立刻有所感悟，猴妈妈和小猴分得的同样多。

教师追问：猴妈妈比小猴分的少，同样多都有可能，那有没有可能猴妈妈分到的多呢？

学生若有所思，又举出了：$5 \div 4 = 1$（个）……1（个）。

在这道题的基础上，$7 \div 4 = 1$（个）……3（个）"诞生了"。"这样猴妈妈分到的就多了。"学生们迫不及待地喊出来。

教师引导学生继续观察："你们发现了吗，猴妈妈分的和小猴分的比，就是拿谁和谁比？"

"余数和商比。"学生们很快答道。

一名学生补充："余数可能比商大、可能比商小，还可能同样多。"

"那我们以前说一定小是错的还是对的？"教师又追问道。

学生你一言、我一语地讨论，最后得到如下结论：只有当余数和除数比时，余数比除数小是一定的；其他的可就不一定了。

通过本案例，大家可以深刻地体会到数量和数量之间的关系也是数感的体现之一。一道小小的练习题，它所发挥的作用还是"物超所值"的。没有繁琐的计算，只是简单的追问，让学生从一开始"凭感觉"下结论到质疑、思考、实证再思考，不仅再次强化了余数要比除数小，同时也引导学生更为全面地感悟除法算式中各部分之间的关系，认识到除法算式中只有除数与余数有固定不变的大小关系，其他则不一定。进一步澄清除法各部分间的关系，有助于学生更灵活地解决问题，深入理解运算的意义。

培养学生的数感，就是要关注数与生活之间的联系，关注直观的量与抽象的数之间的联系，关注感觉与思维的联系。只有这样，才能让数感深入学生的内心，让这种看似"虚无缥缈"的感觉成为一种"实实在在"的能力。

20. 如何培养学生的空间观念?

数学是研究数量关系和空间形式的科学。空间与我们的生活密不可分,了解、探索和把握我们生活的空间可以使人类更好地生存、活动和利用空间。数学上的空间即几何空间,体现在"图形与几何"的学习上。因此"空间观念"是课程改革的一个重要的核心概念,培养学生的空间观念就成为数学课程的重要目标。可谈到空间观念的培养,往往在教学中落实不够。在和一线教师的交流中,有的教师谈道:"观念是一个看不见摸不着的东西,是一种感觉,从哪里入手、怎么教就算培养了空间观念呢?"还有的教师说:"有的孩子的空间感就是强,不培养都行。"言外之意是空间观念与生俱来,孩子之间存在差异,培养与否似乎不会产生多大的影响。这些话语真实地反映出教师对空间观念认识的不足和在教学中落实的困惑。那教师该如何做,才能在教学中落实空间观念的培养呢?

空间观念作为几何课程改革的一个重要的核心概念,在"新课标"中有这样的描述:空间观念主要指根据物体特征抽象出几何图形,根据几何图形想象出所描述的实际物体;想象出物体的方位和相互之间的位置关系;描述图形的运动和变化;依据语言的描述画出图形等。

"新课标"中对空间观念的描述,明确地指出了是否具有空间观念的具体表征。这些具体表征既是培养学生空间观念的出发点,同样也是空间观念形成的落脚点。

　　空间观念的培养贯穿在整个图形与几何的学习过程中，图形的认识、图形的运动、图形与坐标等都承载着发展学生空间观念的任务。如在图形的认识的教学中，都要经历从实物抽象出几何体，由几何体想象实物，观察几何体画出视图，将视图或展开图还原成立体图形等学习过程，这些过程都要经历三维图形与二维图形的相互转换，而这是培养学生空间观念的主要途径。那么，在进行图形认识的教学时，教师开展上述有目的的活动，就落实了"根据物体特征抽象出几何形体，根据几何图形想象出所描述的实际物体"的培养目标。教师依据空间观念的具体表征对图形与几何的学习内容进行细致的梳理和划分，准确地把握每一个学习内容与具体表征之间的主要联系，是培养学生空间观念必不可少的课前准备。

　　如何通过图形与几何的学习来落实培养学生空间观念的目标呢？一线教师们开展了很多有益的尝试，探索培养学生空间观念的有效教学策略。

　　案例： 人教版六年级下册《圆柱的认识》教学片段——认识高

　　（西城区展览路一小曲益青老师在带领学生"认识圆柱的高"时设计了以下几个活动。）

　　1.观察：出示两个高矮不同的圆柱，直观判断两个圆柱的高矮，初步感知高。

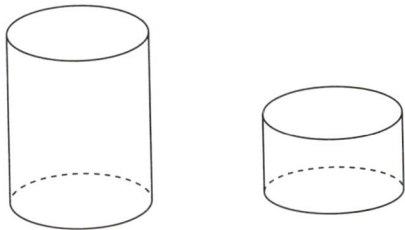

　　2.操作：动手测量手里圆柱形状实物的高，掌握测量圆柱高的方法，操作中认识高。

　　3.抽象：建立高的概念，丰富对高的认识。

4.想象：感知刻画圆柱形的两个重要因素，发展学生的空间观念。

课程标准解读中指出：空间观念培养目标的达成是一个包括观察、想象、比较、综合、抽象分析、推理的过程。从上面曲老师的设计可以看出她采取了一些培养学生空间观念的有效教学策略。

首先是基于现实情境和学生经验的观察。人们生活的空间是最好的图形实验室，为几何学习提供了丰富的材料。学生在日常生活和以往的学习中对图形已经有了较为丰富的生活直觉和数学经验。教师有效地利用了这些直觉和经验，为学生的回忆与再现提供了支撑，学生在观察高矮不同的圆柱中感悟圆柱的高，形成对高的空间知觉。

第二是操作感知。操作感知是小学生形成空间观念的重要途径，学生在摆一摆、画一画、量一量、剪一剪、折叠与展开等操作活动中，积累空间知觉，通过大脑的加工，将这些知觉上升为空间表象。这为想象、抽象分析奠定了基础。因此在图形与几何的学习中，根据学习内容设计操作感知活动是发展空间观念的重要教学策略。

第三是描述。学生通过观察与操作感知，已经在头脑中形成了表象，将空间表象进行语言的外显描述，也是空间观念发现的途径之一。如描述从家到学校的行走路线、描述生活中平移和旋转的现象，抽象概括几何概念等。

第四是想象。"新课标"对空间观念的描述中多次出现"想象"一词，说明想象是发展学生空间观念的重要途径。史宁中教授指出"空间观念的本质就是空间想象力"。想象是学生对头脑中形成的表象的再现、加工和改造，是创造的体现。发展学生的空间观念，要为学生设计想象的活动，创设想象的空间，如根据三视图还原立体图形，一定要请学生先根据三视图想象摆成的形体的样子，给学生提供在头脑中还原的机会，然后再动手摆进行验证。这样有助于学生积累想象的经验，提高对物体之间的位置关系进行把握和调整的能力。而且值得教师注意的是，将想象、思考、推理和分析综合运用，才能有效地促进学生空间观念的形成。

　　总之，空间观念不是看不见摸不着的，只要教师能正确认识和理解空间观念的含义和要求，将教材中图形与几何的典型内容与具体表征一一对接，采用发展学生空间的有效策略组织学习活动，就可以使学生的空间观念在具体的活动中慢慢地积累，逐步地发展。

21. 如何培养学生的数据分析观念?

　　在大数据时代,用数据说话成了常态,作为社会人,其数据分析能力显得尤为重要。培养学生的数据分析观念显然不是一蹴而就的,那么如何扎实地、循序渐进地达成这一目标呢? 首先教师要筛选出能激发学生研究需求的好的问题素材,其次为学生提供充足的自主研究空间,进而让学生体会数据分析的价值。

　　案例: 人教版五年级下册《折线统计图》教学片段(韩玉强老师)

　　问题:国务院提出 2017 年北京的 PM2.5 年平均值要控制在 60 微克每立方米左右,你认为这个目标可能实现吗?

　　教师追问:想更合理地预测,你需要关注哪些方面的信息?

　　学生有的说需要几个月 PM2.5 的数据,有的说需要近几年的数据,有的说需要关注汽车、工厂烟囱、植树等更多方面的数据。教师从中选取汽车、绿地、近几年 PM2.5 的数据呈现给学生,然后放手让学生进行分析。

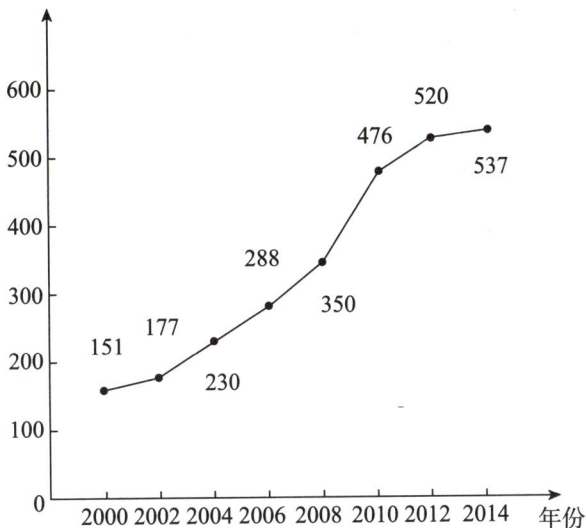

保有量/万辆

600
520
500　　　　　476
400　　　　　　　　　537
300　　　288
200　　177　　350
151　　230
100

0   2000 2002 2004 2006 2008 2010 2012 2014   年份

2000—2014年北京汽车保有量统计图

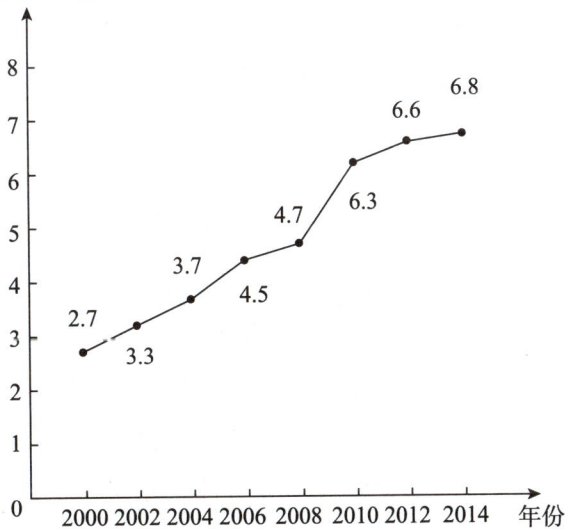

绿地/万公顷

8
7　　　　　　6.6　6.8
6　　　　　　6.3
5　　　4.7
4　　3.7
3　　4.5
2.7　　6.3
2　　3.3
1

0   2000 2002 2004 2006 2008 2010 2012 2014   年份

2000—2014年北京绿地面积统计图

浓度/微克/立方米

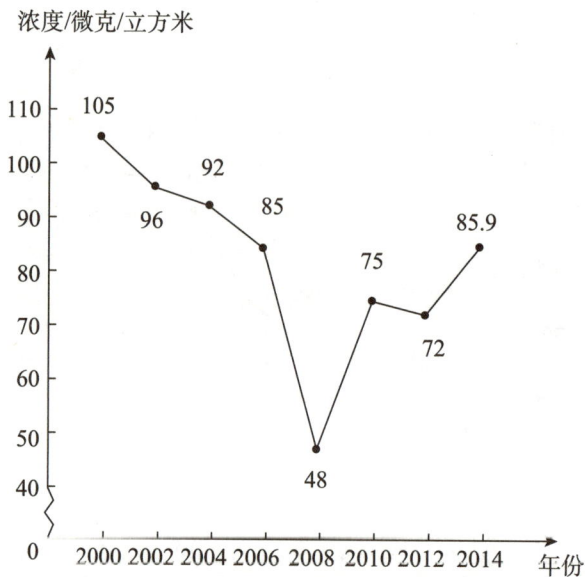

2000—2014年北京PM2.5年平均浓度统计图

生：我认为不太可能。因为绿地面积虽然在上升，汽车保有量也在上升，所以不太可能实现目标。

生：我认为有可能。我们看第三幅图，从2000年开始下降，到2008年最低，然后又上升到85.9。PM2.5的浓度一直在变化，而且72、75比60高得也不多。

生：我同意他的观点。因为2008年北京开奥运会，政府采取了很多措施，像单双号限行等，所以这一年最低。但是我们不能一直那样，所以后来PM2.5的浓度就又上升了。

生：我觉得还是有可能的。虽然汽车越来越多，但是从2010年开始增长变得缓慢了，绿地面积一直在上升，这几年PM2.5的平均值虽然一直在上升，但是相对于前些年还是有所下降的。

本案例中教师针对高年级学生的认知水平，设计了相对"宏观"的大问题。而这个问题恰好也体现了近几年大家对"空气质量"的高度关注，

"PM2.5"在各个新闻、报刊中出现的频率很高，学生对其既熟悉又陌生。"2017年北京的PM2.5年平均值要控制在60微克每立方米左右，你认为这个目标可能实现吗？"这个问题是学生感兴趣的，希望研究的。同时，要想解决这一问题，就产生了更多的数据需求，学生在对数据进一步解读和分析的过程中形成自己的观点。有的选择一组数据说明自己的预测分析，有的是将两组，甚至是三组数据一起对比分析，进而说明自己的预测。这个问题的设计并不是追求最终的"能否实现"，而是基于对多数据的分析，进而作出相对合理的预测，感悟随机事件产生的可能性。

这个案例带给教师的启发是：其一，好问题能提高学生的分析能力。要培养学生的数据分析观念，就要让学生产生数据分析的需求，选择学生熟悉的、感兴趣的研究素材作为学习的载体，能够更好地激发学生的兴趣，进而产生数据收集、分析的需求。好的问题则能更好地发挥"助推力"的功效，学生在问题解决的过程中不仅关注到数据的存在，还会看到数据间的联系，甚至能解读出数据背后隐藏的信息。其二，重过程让学生体会数据分析的价值。有了好的问题，还需要教师为学生创设数据分析的时间与空间，让学生拥有研读信息、分析数据的平台，才能真正做到提高学生的数据分析能力。

总而言之，首先教师要有双发现"数据"的慧眼，选择适合学生研究的载体，设计出"抛玉引玉"的好问题；其次教师要敢于放手，让学生亲历数据分析的过程，让学生读数据、找联系、深思考。只有这样才能激发学生的数据分析意识、提高数据分析能力，进而形成数据分析观念。

第二辑

如何了解学生

吴老师说

　　老师们，"研究学生，读懂学生"是落实学生主体地位的基本保证和基础。学生是具有鲜活生命的复杂个体，正如教育学者帕克·帕尔默所言："我们所教的学生远比生命广泛、复杂，要清晰完整地认识他们，对他们作出快速明智的反应，需要融入鲜有人能及的弗洛伊德和所罗门式的智慧。"因此，教师需要打破自己成长经历所带来的思维定势，摒弃仅仅凭借主观感觉和经验作出的推断，用心走进学生，对其在学习过程中出现的现象保有足够的好奇心，从而产生"探究事实真相"的愿望，并随着对真相的了解带来的解决问题的有效性的不断提高，而发展出一种以教育教学工作作为研究对象的科学态度和科学精神。

　　虽然研究学生、读懂学生已经成为教师开展教学活动的普遍共识，但不容回避的是，教师在开展学生研究中也存在着一些困惑，如：如何作好学前调研？学生缺乏经验导致解决问题的方法不足怎么办？面对学生的"错题"教师该怎么办？……这些问题的产生，一方面说明教师已经开始用科学研究的视角和方法来研究学生，试图从更加科学、客观和有效的角度思考、实施教学活动。当面对学生的"错题"时，教师已不是简简单单认为只是学生马虎的问题，而是希望从更深层次去分析产生错误的原因，从而找到解决问题的方法与途径。另一方面学生作为鲜活的生命个体，具有复杂性与差异性，这确实让我们的研究存在一定的困难。为了使教师能够尽快摆脱学生研究中的种种问题，我们收集了来自广大一线教师在研究学生中遇到的一些问题，并进行了梳理，最后聚焦在大家普遍关注的十余个问题上，试图通过鲜活的案例作出解释与回答，以期对一线教师有所帮助。

22. 研究学生的意义是什么?

从宏观上看，研究学生是一切教育活动的起点。只有研究透学生，紧密结合学生的发展需求，学校教育才能够找到正确的方向与路径，才能够为学生的个性培养与气质涵养提供支持。从微观上看，对于一节课的教学，课前实施有效的学生研究有利于教师更好地把握学科本质和教学内容的核心，促进教师因材施教，提高教学活动的针对性，以达到预期的教学效果，使每一个学生都能得到应有的发展。

例如，人教版二年级下册《认识厘米》：

"认识厘米"属于图形与几何领域中关于测量的学习，这一内容是小学阶段学生学习测量的基础。教师看到这一教学内容后，都会对教材进行分析，通过分析理清知识路径，即：先通过让学生经历不同方式测量物体长度的过程，体会统一长度单位的必要性；然后从认识测量工具刻度尺，引出长度单位"厘米"，并建立 1 厘米的直观表象；最后结合测量纸条长度的活动，掌握以厘米为单位测量物体长度的方法。

通过对知识路径的分析，我们可以概括出本节课的核心内容，就是"树立单位意识，感受测量的本质"。怎样帮助学生树立意识、感受本质呢？这就需要教师设计能激发学生思考和探究的数学活动，让学生在活动中感受数学本质，形成数学能力。

针对"感受测量本质"这一核心内容的学习，一位教师设计了这样的教学活动。

师：这位小朋友想测量这张奖状的长度，但是他手里只有一把这样的尺子，你们觉得他能量出奖状的长是几厘米吗？

生：不能。这把尺子两头都是断的，不能用。

生：不能。这把尺子上没有数，不知道哪是 1 厘米、2 厘米、3 厘米……

生：能。我想把这把尺子修一修，就能用了。

师：怎么修呢？说说你的办法。

生：我在尺子上写上数。

生：尺子左边断了，0写哪呀？

生：可以把这里当成0（如下图），后面接着写上1、2、3、4……这把尺子就能用了。

生：我能直接用这把尺子量。

师：怎么量呢？

生：把奖状的一头和最左边的长竖线对齐，两条长竖线之间是1厘米，我就这样1厘米1厘米地数，就能知道奖状的长度是6厘米。

师：奖状只能放在这吗？

生：还可以这样放在这儿。

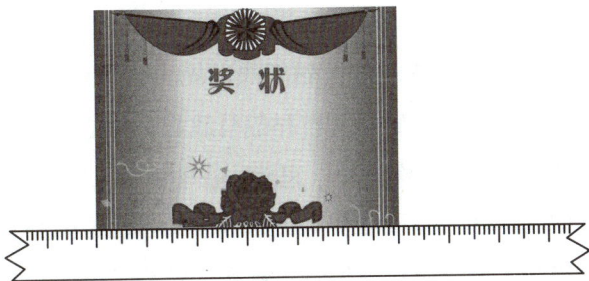

生：还可以这样……还可以这样……

生：只要把奖状的一头和一条长竖线对齐就行。

从中我们看到教师在帮助学生掌握以厘米为单位测量物体长度的方法

时，设计了"用没有数的尺子测量物体长度"的活动。学生在解决这一问题的过程中，通过观察、质疑、讨论、交流，逐渐体会到测量的关键就是要明确一个基本单位，再以此单位为标准通过计数或累加就能得到测量的结果。

教师之所以设计这样的活动，就是基于对学生的研究。针对"掌握以厘米为单位测量物体长度的方法"这一知识目标，教师设计了一个课前调研活动——"你能知道这张小纸条的长度吗？"

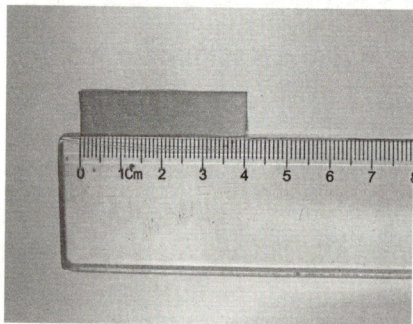

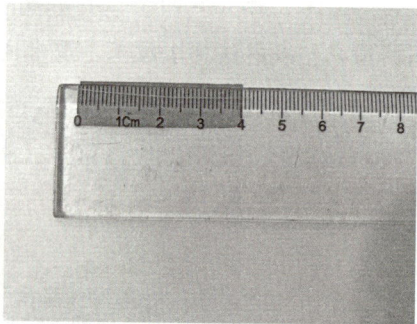

通过调研，教师看到100%的学生想到的方法是用厘米尺量，并且85%的学生都用上面这样的方法正确测量出纸条的长度。由此看出，大部分学生已经具备了一定的经验和技能。如果课上教师设计的还是用一把以厘米为单位的尺子测量物体长度的活动，对学生而言就是一种基本技能的熟练过程，而他们的认知水平和问题解决的能力仍旧停留在原有水平上，得不到提升。于是，教师大胆地对教材进行改编，精心设计了用"一把没有数的尺子"量长度的活动作为教学起点，将学生引入课堂研究的活动中。由此反映出，课前的学生调研使教师了解到了学生已有的经验基础和能力水平，准确地确定了教学起点。课堂的起始既符合学生的认知基础，能让学生自觉地调动已有的经验解决问题，又具有一定的挑战性，激发了学生的学习兴趣，提高了教学的针对性。

同时，这一问题情境巧妙地引发了学生的认知冲突，促进学生主动地进行探究研讨。这种略高于学生已有认知水平，富有探究性的活动，发掘了学生的潜能，也让不同水平的学生都有表达展示的机会。通过学生的不同表现，教师了解了不同学生的不同的学习困难，在课堂上适时地将学生差异变成鲜活的教学资源，并巧妙地加以利用，帮助学生突破了学习困难，突显了本节课的重难点，提高了教学的实效性。学生在互动交流的过程中，通过彼此的思维碰撞，逐渐领悟了测量的本质，提升了认识水平，使我们的课堂教学从数学技能训练转变为数学学习能力的培养。

总之，无论是从实践还是理论上看，研究学生是教师提高责任感的重要途径，是教师基本功之基本，具有极重要的价值和意义。

23. 如何作好学前调研?

好的课堂应是对教学内容的深刻理解和对学情的真正把握。而现实备课中, 教师一般把对教学内容的分析放在第一位, 把对学情的分析放在次要位置, 也有的教师说:"我知道学前调研很重要, 也很想在课前了解学生状况, 但不知如何开展。"

学前调研可以从学生的知识基础、生活经验、学习困难等几个方面展开。调研形式可以是问卷、访谈等。

如何调研学生的知识基础呢? 例如, 北京版五年级下册《异分母分数加减法》一课。教材对于分数的认识和运算分两次完成: 三年级下册学习分数初步认识和简单的同分母分数加减法; 五年级下册学习分数的再认识、分数基本性质、约分、通分、较复杂的同分母分数加减法。《异分母分数加减法》是在此基础上的继续学习, 直接的知识基础是同分母分数加减法以及通分的知识。于是教师设计了如下调研问卷:

计算下面各题, 并说一说你是怎么想的。

(目的: 考查学生的知识基础——同分母分数加减法的掌握程度。)

$$\frac{2}{7}+\frac{1}{7}= \qquad \frac{3}{11}-\frac{2}{11}= \qquad 1-\frac{5}{6}=$$

将下面各组分数通分，并说一说你是如何做的。

（目的：考查学生的知识基础——通分的掌握程度。）

$\frac{1}{3}$ 和 $\frac{1}{4}$ $\frac{3}{8}$ 和 $\frac{1}{2}$ $\frac{7}{10}$ 和 $\frac{5}{8}$

此次共调研了五年级的 42 名学生。结果表明，第一题，42 名学生的答案都正确，说明学生对同分母分数加减法的算理、算法掌握得非常好。第二题，40 名学生的答案正确，两名空着没写，说明学生的通分基础也较好，只有两名学生需要适当补救。

简单的问卷测试，目的明确，过程简单，结果清晰，让教师心中有数，可以很好地确定教学的起点，落实了"新课标"中提出的，教师教学应该以学生的认知发展水平和已有经验为基础的要求。

如何调研学生学习新知识前的生活经验呢？例如：北京版三年级下册《面积的认识》一课，三年级学生是第一次接触"面积"这个概念，他们有哪些生活经验呢？我们设计了如下题目：

访谈：针对三年级学生

你听说过"面积"这个词吗？请你结合生活用画图或文字说明什么是面积。

（目的：了解学生学习面积的生活经验。）

此次共调研了 33 名三年级学生。100% 的学生都听说过"面积"这个词，并用图诠释着自己的理解，展现了学生理解的丰富与精彩。

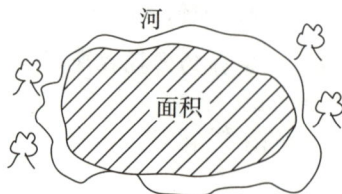

图1

图2

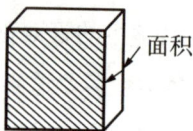

图3

图4

图5

　　学生能用画图或文字表达对面积的理解，75%的学生能自己举一个实际生活中的例子。比如说他们能知道桌面、墙面、地面有大有小，知道"我家买的楼房面积是120平方米"，知道"黑板面比课桌面大"……说明学生对面积的认识是有生活基础的。

　　观察上面的学生作品，进一步访谈：能解释一下你的想法吗？边访谈边记录，我们发现：有些学生对面积的认识是片面的，他所说的"对面"指物体的前面；"一个面"更多地指上面，认为物体的前面或上面才有面积，甚至一些学生的认识是错误的——"一件物品的大小"其实是指体积的大小；还有人认为面积和周长一样。

　　"不问，可能真的不知道。"生活概念与科学概念有什么联系，只有走近学生，我们才会感受学生的丰富，感受学生的模糊之处。

　　调研学生的生活经验，可以促使教师在学生原有生活经验的基础上进行加工，实现生活概念与科学概念的勾连，实现学生知识网络的自主建构，澄清学生的模糊认识。这也正是皮亚杰、维果斯基的建构主义理论的具体体现，教学不再是传递客观而确定的现成知识，而是激活学生原有的相关知识经验，促进知识经验的"生长"，实现知识经验的重新组织、转换和改造。

如何调研学生的学习困难呢？例如北京版三年级上册《一位数笔算除法》，不少教师存在困惑，像除法竖式这样的内容似乎很难有理可讲，因为它是一种规定。而这当中真的没有道理可讲吗？竖式学习中，学生的难点到底是什么？带着这样的困惑，教师们作了如下调研：

（1）用竖式计算下面各题。

$24 \div 3=$　　　　$24 \div 2=$　　　　$34 \div 2=$

（2）访谈：上面三道题的竖式，你是怎么想的？怎么做的？

观察学生的做法发现，书写格式问题较大：一种情况是用一层计算表现分的过程，第二种情况是知道分的结果，会分第一次，不会分第二次。

通过访谈追问，教师们发现：初学一位数除两位数的笔算除法，由于数据都比较简单，学生往往是通过口算得出结果，竖式只是摆设而已，学生普遍不知道竖式中每步在干什么，不知道书写竖式是在记录分小棒的过程。很多学生做竖式计算，只是按程序办事，不理解其中的道理，这也构成了学生学习的难点。了解了学生的真问题可以帮助教师们去寻找解决策略。

开展学前调研要注意哪些问题呢？

第一，出调研题，要整体把握小学数学教材，抓住数学本质和教学内容的核心设计调研题。可以测学生的知识或方法基础、生活或学习经验以及学习新知识时可能出现的困难等，每道题要有明确的调研目的。

第二，调研分析要用数据说话，要有依据，要反映学生的真实想法和行为表现。

第三，调研形式一般可用问卷、访谈或问卷和访谈相结合，尽量关注到不同层次的学生。

总之，学前调研在教学设计中有重要作用，它能帮助教师们找到教学的起点，找到适合学生学习的路径，解决学生的真问题。

24. 如何提高学困生学习数学的兴趣?

由于学生的家庭环境、学习习惯、性格等方面存在着差异,每个班级都会存在学困生,学困生的转化就成为教师的一项重要工作。"兴趣是最好的老师",想让学生学好数学,首先要提高他们学习数学的兴趣,有了兴趣才能由被动学习转化为主动学习。那如何提高学困生学习数学的兴趣呢?下面就以《用计算器探索规律》一课为例具体地谈一谈。

案例: 人教版五年级上册《用计算器探索规律》教学片段

用计算器计算下面各题。

$1 \div 11 = 0.0909\cdots$

$2 \div 11 = 0.1818\cdots$

$3 \div 11 = $ _____

$4 \div 11 = $ _____

$5 \div 11 = $ _____

片段1:

师:同学们,你们见过这组数列吗? 1、2、3、5、8、13、21……有什么规律吗?

生:$1+2=3$、$2+3=5$,用前两个数相加等于第三个数。

师：确实是这样，你可真会思考！这就是著名的斐波那契数列，自然界中也有它的存在呢。下面咱们先来看一段相关的视频短片，一起走进美妙的数学世界！

师：自然界中的"斐波那契数列"是不是很神奇呢？就像视频里讲述的，这组数列中除了有刚才我们说到的加法的规律，还有除法的规律呢。其实在数学中还有很多规律值得我们探索呢，今天咱们就来一起探索规律。

片段2：

$1 \div 11 = 0.0909\cdots$

$2 \div 11 = 0.1818\cdots$

$3 \div 11 = 0.2727\cdots$

$4 \div 11 = 0.3636\cdots$

师：观察这一组算式，你们发现了什么规律？

生：我发现商都比之前多了 0.0909…

师：嗯！商确实是变化的，那谁知道商为什么变了呢？

生：因为被除数越来越大，除数没有变，所以商越来越大。

师：看来算式里有变化的，还有不变的。在找规律的时候，我们通常先找谁不变，再找谁在变，怎么变。刚才我们是竖着观察的，横着观察你又有什么发现吗？

生：循环节都是被除数的 9 倍。

师：你可真会观察，看来找规律时我们既可以纵向观察，也可以横向观察。

首先，要创设学生感兴趣的情境。大多数学困生都有注意力不集中的问题，因此他们对上课伊始的情景创设是否感兴趣尤为重要。片段 1 中教师从自然界的"斐波那契数列"视频引入，用动画的形式激发了学困生的学习兴趣，使他们在感受数学与自然的奥秘的同时，还调动了他们对规律探索的求知欲。教师要有目的有意识地结合知识点创设情境，巧妙设疑，才能调动学困生学习的主动性，激发其学习数学的兴趣。

其次，为学困生创设成功的体验。课前，教师在备课中可以为学困生"量身定做"一些难度稍低的问题。在片段 1 中，简单数列中的规律对于学困生来说相对容易，回答起来比较轻松。学生有了成功的体验，就能不断克服自身对数学的畏惧与厌烦心理，增强学习数学的兴趣。教师只有通过对学困生这样长期、有意识的培养，才能够逐步增强学困生学习的自信心。除此之外，在课堂上，要对学困生的回答及时地给予鼓励。片段 1 中，在学困生回答完数列的规律后，教师首先肯定了学困生回答正确，同时给予了表扬。教学中教师要及时发现学困生身上各个方面的闪光点，并适时进行鼓励和表扬。一个恰当的表扬、一个会心的微笑、一个满意的点头，都会让学生体验到成功的喜悦。课后，在批改作业时，对稍有进步的学困生给予鼓励性评语或在班里当众进行表扬，也能使他们获得成就感，从而激发他们学习数学的兴趣。

最后，给予学困生学习方法的指导。教师不仅要教给学困生知识，更重要的是要教给学困生获取知识的方法。掌握了学习方法，才能够真正获得解开数学知识大门的"钥匙"。在片段 2 中，教师对于规律的观察给予了方法的指导与归纳，先观察不变的，再观察变化的；可以横向观察，也可以纵向观察。只有学困生掌握数学的基本学习方法，才能应用这些方法去解决遇到的数学问题，从而使他们慢慢对数学学习产生兴趣。

"新课标"中指出："人人都能获得良好的数学教育，不同的人在数学上得到不同的发展。"这"人人"中自然也包括学困生。提高学困生学习数学的兴趣是学困生转化的关键，相信只要教师保持这份热情，找到适合学困生心理特征的教学方法，就能够让他们在数学学习中获得发展。

25. 如何应对学生的个体差异问题？

学生在不同的环境中长大，生活背景不同，兴趣爱好不同，考虑问题的方式也不同。当他们同时处于一个大的集体中，面对共同的教师进行学习时，所表现出来的接受知识和掌握知识的能力肯定大不相同，这都是正常的个体差异造成的。但差异造成的行为表现确实给教师组织开展课堂教学活动带来了较大的困难。如何应对学生的个体差异问题呢？其做法可以简单概括为：了解差异、呈现差异、利用差异和评价差异。

案例：人教版一年级上册《11～20各数的认识——问题解决》教学片段

这一教学内容的编排目的是：培养学生综合运用本单元知识解决

问题的能力。让学生通过经历问题解决的过程，理解"画示意图"是帮助理解题意的重要手段，数数是一种有效的解题策略。

师：请大家看这幅图。从图中的画面或文字中，你都知道了哪些信息？

生：小朋友们在排队看大熊猫。前面那个小女孩叫小丽，她排在第 10 个。后面那个小男孩叫小宇，他排在第 15 个。

师：你们知道要解决的问题是什么吗？

生：小丽和小宇之间有几人？

生：我知道，有 4 个人。

师：我们刚找到要解决的问题，有的同学就说出有 4 个人了。说出结果的同学，你是怎么知道的？这个结果对不对呢？用什么方法来验证这个结果对不对呢？把你的方法跟同伴说出来，用纸画出来或写出来，也可以用学具摆出来。

学生用不同的方式呈现自己的思考过程。

师：我们一起来看看大家都是怎么想的。

学生展示作品。

师：观察每位同学的作品，先看一看，他把我们刚才说的信息都表示出来了没有；然后再看一看，他是否解决了问题；最后再来说一说，你看懂他是怎样解决的了吗。

学生交流、讨论。

生：这些同学把题中的信息都表示出来了。

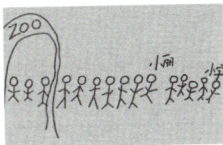

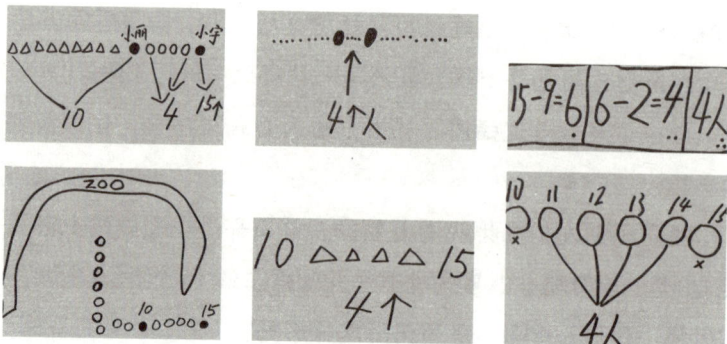

生：这些同学没有把信息表示全。

师：上面的9幅作品，有什么不同呢？

生：有的画的是小人儿，有的用圆或三角形代替人，还有的写的是数。

师：看来，我们在用图来表示信息时，可以画实物图，也可以用符号，还可以用数来表示。

……

师：这两位同学都用圆来表示，又有什么不同？

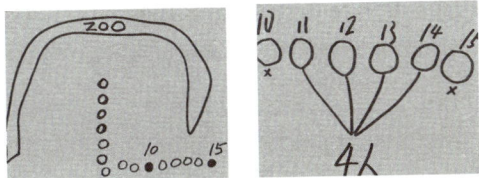

生：左边的画了 15 个圆，右边只画了 6 个圆。

师：一共有 15 位同学，只画 6 个圆，能解决问题吗？

生：能。

师：为什么？

生：因为要知道的是小丽和小宇之间有几人，他们俩之间，就是小丽后面到小宇前面的人，跟其他人没关系，我觉得不用都画出来。最前面是小丽，她是第 10，后面就应该是 11、12、13、14、15。第 15 就是小宇。他是最后一个，后面就没有人了。10 和 15 之间是 11 到 14，所以是 4 个人。

师：看来，他是通过边数边画来得到结果的。

师：这位同学还通过写算式计算的方法来解决。你们明白算式的意思吗？

生：……

师：看来，我们可以用画一画、数一数、边画边数、算一算等不同的方法来解决问题。

从上面的案例中可以看到，当教师帮助学生明确了要解决的问题后，就有学生马上能说出结果，这时教师没有急于让学生对结果进行判断，而是让学生用自己的方式进行验证，这样做的目的是要了解学生差异。在课堂教学中，给学生呈现一个问题后，教师不能只关注学生能不能得出结果，更要关注学生得出结果的过程是什么，还要了解得出结果的学生解决问题的方法是否相同，其方法体现出的认识水平是什么，不知道结果的学生遇到的困难又是什么，等等。总之，教师要通过变关注结论为关注过程，全面了解学生的个体差异，并以此指导和调整后面的教学活动，使课堂教学具有针对性。

其次，教师要做到通过设计适合的问题情境，让学生在自我尝试解决问题的过程中最大限度地将个体差异外显化。案例中，教师就根据一年级学生的年龄特点，设计了"把你的方法跟同伴说出来，用纸画出来或写出来，也可以用学具摆出来"的环节，让学生呈现自己的思考过程。这一活动让快的学生有事干，慢的学生能干事，不同水平的学生都能将自己的想法呈现出来，真正做到了"一个都不能少"。

第三，教师要巧妙利用学生的个体差异，善于把差异变成有价值的教学资源。本节课教师通过将所有学生的作品进行分类后，引导学生观察比较，概括出表示信息的方式可以是画实物图，也可以是用符号或数来表示。接下来，学生又在教师组织的"作品对比、分析、交流活动"中，总结出"画一画、数一数、边画边数、算一算"等解决问题的具体方法。

最后，教师要正确认识学生的个体差异，树立正确的评价观。教师不能强求所有的学生用同样的方式进行学习，也不能强求所有的学生达到相同的目标，应该从每个学生自身的实际情况出发，有的放矢，设定不同的教学目标。进行学习评价时关键是先看学生在自己的基础上掌握知识的情况，然后再看他有没有凭借自己的努力学习其他等级的知识。

总之，社会发展需要不同方面、不同层次的人才。教育就是了解每一个学生的特点和需求，发展他们的个性，树立他们的自信，形成他们立足社会的能力。

26. 如何培养孩子的表达习惯?

　　在日常教学中，教师们经常会遇到这样的情况：有的学生遇到问题时解答正确，但要他讲清思考过程，他却只能说出每一步求的是什么，讲不清其中的道理；有的学生同一个问题可以用不同的方法解答，但要他说出自己的想法时，他要么在茫然中沉默，要么就是不知所云；还有的学生虽呈现出了解决问题的方法，但与他的解释不相吻合，无法自圆其说。

　　究其原因，是教师在教学中忽视了对学生数学语言表达能力的培养。发展数学语言是一个由机械认识到归纳认识再到理性认识并向直觉认识发展的过程，这是一个较长的、需要不断深化的过程。要让学生经历"感知语言—理解语言—运用语言—熟记语言"这一完整的训练过程，对于小学阶段来说，强化数学语言积累，增强数学语言训练意识和实践意识非常重要。在小学数学课堂中培养学生的语言表达能力，教师可以引导学生在规范中积累、在操作中表达、在对话中完善其语言。

案例1：人教版四年级上册《单式条形统计图》教学片段

　　在学生依据要求绘制出条形统计图后，教师展示学生的作品，并引导学生在观察比较中形成认识。

　　师：这是同学们绘制出的统计图，从图中你们能获得哪些信息?

生：图上有晴、阴、多云、阵雨、雷阵雨天气。

师：这位同学看到了在图的横轴下方有晴、阴、多云、阵雨、雷阵雨，我们给它们起一个名字，在统计图里它们被称作项目。还能看到什么呢？

生：竖的有数。

师：竖的我们用数学语言来说是纵轴，纵轴上有数。还发现了什么吗？

生：纵轴上还有单位"天数"。

师：这位同学很善于观察，发现了纵轴上这些数量的单位，使数量具有更丰富的意义了。还有什么呢？

生：还有格子组成的竖条。

师：对，条形统计图由许多格子组成。这个条形统计图有名字吗？

生：有，是"2012 年 8 月份的天气情况统计图"。

学生在走进教室前，对条形统计图已经有了一些认识，对其各部分组成也有了一定的感知，课上教师引导学生在比较中观察、交流，同时提出了进一步的要求，即让学生用正确、规范和严谨的语言进行表达，在规范中积累学生的数学语言，这对于培养学生的语言表达能力是非常重要的。

案例 2：人教版五年级下册《长、正方体的体积计算》操作活动

教师设计操作活动，通过"摆、看、想、说"推导长方体的体积计算方法。摆：让学生用 24 个 1 立方厘米的小方块摆成不同的长方体。看：引导学生观察沿着长每排有几个小方块，沿着宽共有几排，沿着高共有几层，这个长方体一共含有多少个 1 立方厘米的小方块。想：这个长方体的长、宽、高各是多少？根据长、宽、高的厘米数，可以知道什么？这个长方体的体积是怎样算出来的？说：可以怎样计算长方体的体积？你是怎么知道的？

操作是学生动手和动脑的协同活动，是培养和发展学生思维的有效手段。教学中，教师把学生的动手操作与用规范的数学语言有条理地叙述操作过程有机地结合起来，达到深化理解知识的目的。

案例3： 人教版四年级上册《烙饼问题》教学片段

师：他们要想尽快吃上3张饼，最少需要几分钟？

生1：12分钟。

生2：9分钟。

师：出现了不同的答案，请两位同学讲讲各自的想法。

生1：（两名学生边演示边说）我们先同时烙第1张饼和第2张饼的正面，再同时翻面去烙两张饼的反面，然后烙第3张饼的正面，再烙它的反面，就是3×4=12分钟。

师：嗯，12分钟把3张饼烙熟。你们同意吗？

生2：（两名学生边演示边说）不同意，他们用的时间不是最少的。我们先同时烙第1张饼和第2张饼的正面，再同时烙第1张饼的反面和第3张饼的正面，最后同时烙第2张饼的反面和第3张饼的反面，就是3×3=9分钟。

师：（自言自语）哦，用9分钟可以把饼烙熟。

生1：（抢着说）我们改主意了，9分钟可以。

师：（不紧不慢）比较这两种烙法有什么不同？用12分钟的同学，你们有什么要说的吗？

生1：我们改主意了，用9分钟的省时间。

师：我们再来说说用9分钟的同学是怎样烙出这3张饼的。

（学生说，教师演示课件。）

师：他们是用什么方法烙的？你们能给这种烙法起个名字吗？

生：同时。

师：同样是把3张饼烙熟，而这种方法怎么只用了9分钟呢？

生：饼铛被充分利用，没有空余的位置。

心理学家皮亚杰指出：让儿童互相交谈，进行讨论或辩论是获得知识的重要手段。面对同一个需要解决的问题，不同的学生会有不同的思考，得到的结论也不尽相同。而这些不同想法是学生交流的重要内容，学生只有充分表达了自己的思考，做到知无不言、言无不尽，他们的思维才能在不断交流与碰撞中得以激发和互补，对话为学生提供语言训练的机会，使学生能够在表达、倾听与比较中，逐步提高自己语言表述的条理性。学生的语言表达能力也将在对话中不断完善。

小学生数学语言表达能力的培养，并非一朝一夕之功。数学课堂中教师应重视学生的语言积累，让学生有话可说；重视将动手操作和语言表达结合起来，在活动中发展学生的语言能力；重视鼓励学生彼此间的对话，在对话中完善语言表达内容；同时创设宽松的学习氛围，激发学生"想说"的欲望。

27. 小学一年级如何培养学生检查的习惯？

很多小学生在做题时经常会出现漏题、抄错数、算错等情况，而这些很多时候是可以通过认真检查来避免的。小学生由于年龄尚小，注意力不持久，独立性和自觉性都比较差，在生活和学习中都需要有成人的监督与指导。到底如何进行监督与指导才能使学生养成良好的检查习惯呢？

例如，人教版一年级上册《解决问题》一课：

本节课是人教版教材第一次出现用情境图呈现数学问题，即用加法求和的简单数学问题，这是学生第一次体会解决一个数学问题所需要经历的步骤。而"解答正确吗？"是新教材在解决问题课型中加入的回顾与反思的环节。

课上，在解决完图中的问题后，教师引导学生进行检查："解决了问题，做得对不对呢？我们很有必要来检查检查！你都想查查什么？……确实，我们可以想一想：为什么用加法解决？信息是否抄写正确？结果是否正确？"这一环节不但深化了学生对加法含义的理解，巩固了计算，还能逐步养成学生回顾反思的好习惯。以此课为起始，在后续的教学中教师就要逐步培养学生的检查习惯了。面对一年级的学生，教师又该如何培养呢？

首先是要让学生在思想上重视。在一年级刚开始培养学生检查习惯时，教师可以对作业中检查的情况进行统计，并告诉学生检查过的有多少人，有几人出错，没有检查过的又有几人出错，让学生体会检查的重要性。同时在课上，可以对解决问题后能够认真检查的同学进行表扬与鼓励，为学生树立典型。在低年级的教学中，学生经常会犯一些简单、习惯性的错误。比如在计算被减数末尾带 0 的减法时，会出现类似"0-2=2"的情况。针对这一情况，教师可以从学生的作业中收集类似的错误进行展示，让学生讨论"这些问题都错在哪了？如何避免类似的错误？"通过讨论提高学生对检查的重视。

其次是要教给学生检查的方法。人们常说"授之以鱼，不如授之以渔"，要想学生能够养成检查的好习惯，教师就必须教给学生检查的具体方法与策略。比如一年级的学生，可以鼓励他们用重做法（用手或其他物品盖住答案，再做一遍，做完后和之前的答案对照）进行检查；在检查解决问题时教给学生可以用正向代入法（把算出的结果代入到题目中，把题目给出的已知条件按问题的发展顺序代入其中，进行检查）、变换思路法（解决同一个问题有多种方法，可以用其他的方法进行验算）、联系实际法

（把问题的结果与现实中的一般数据进行对比）等方法进行检查；在检查计算时，可以用逆运算法（减法用加法验算、除法用乘法验算）、估算法和巧算末尾数等方法进行检查。只有学生掌握了检查的方法，才有可能自主地进行检查。

最后要做的就是"持之以恒，严格落实"。教师如果想让学生养成某种习惯，就一定要先自身作好示范，同时能够坚持进行督促，持之以恒，才可形成习惯。在课堂上，无论是解决问题、计算还是习题的讲解，都可以引导学生进行回顾与反思、提炼检查方法。然后是做到检查有外显，哪道题检查过了就在相应的位置进行标注。比如在学生计算三位数除以两位数的除法时，需要用乘法进行验算，验算后如果乘法的得数与被除数相同，要在原式的被除数处打一个"√"表示检查完毕；在解决问题时，如果用其他的方法检查，可以在题的一旁打上虚线，如果结果相同就在原来的答题处打"√"等，让检查落到实处。

培养学生良好的学习习惯，是一个漫长的过程，是要贯穿在整个教学过程中的。因此从一年级开始，养成学生自主检查的好习惯，对于提高教学效率具有重要的意义，对于学生的终身学习也有着深远的影响。相信只要教师们能够持之以恒，常抓不懈，学生的检查习惯就一定可以养成。

28. 小学一年级如何培养学生认真审题的习惯？

认真审题，清晰地理解题意，是学生应用知识、解决问题的开始。而审题的正确与否，直接影响着解题的结果。学生刚踏进小学大门时，由于年龄小、识字少，理解能力较差，解题时难免出现各种各样的错误。有不少错题都是因为学生没有认真审题、不会审题造成的。因此，从一年级开始，教师就应关注学生审题能力的培养，采取切实有效的方法帮助学生逐渐养成良好的审题习惯。

例如，人教版一年级下册第 67 页第 10 题：

⑩ 连一连。

80+9　　59+8　　84+5　　47+20　　46+7

67　　　89　　　53

49+4　　3+86　　23+30　　39+50　　62+5

教材呈现了三个小朋友递信的情境图，在巩固学生两位数加一位数的进位加法的同时，也考查了学生对题意的审读与理解。低年级学生需要解决的问题中，除了简单的文字信息，更多的是图片信息，因此，一位教师在进行习题讲解时，先请学生完整审读题中的文字信息和图片信息，再将所有的数学信息进行联系。教学片段如下：

师：同学们，图中有三位小朋友，你知道他们要做什么吗？从哪看出来的？

生：小朋友要把信放到信箱中，从图片和标题"小小邮递员"中能看出来。

师：哦，看来文字信息告诉我们要解决帮小朋友送信这件事。请你们接着仔细观察，看看还能找到哪些数学信息。

生：信箱上的数字、信封上还有算式、两个小朋友手中也有信。

师：这么多的信息，有文字的，还有图片的，怎么才能把信投到信箱中呢？

生：第一个信箱上写的是67，小朋友手中拿的卡片是"62+5"等于67，就是说信封的算式得数要和信箱上的数字一样才能投进去。

师：他说的你们同意吗？还有哪个信箱可以验证他的意思？

生：第三个信箱也可以，小朋友拿的信上写的"46+7"得数是53，和信箱上的53也是一样的。

师：你们观察得可真仔细，也就是说我们要把信封投到相应的信箱中才行。看来找到文字信息和图片信息后，我们还要想一想它们之间的联系。

低年级题目大多都是以图文结合的形式呈现在学生面前的，因而在数学教学中，要提高学生审题的能力，教师还必须有意识地一步一步地进行引导，使学生学会如何观察。案例中，培养一年级学生认真审题的习惯时，可以引导学生先寻找图片信息，说说看懂了什么，也就是"这是一个什么情境"，然后再读文字信息，通过对信息的仔细观察，找到图片信息和文字信息之间的联系，再解决问题。同时，教师自身的教学语言要简练明确，对学生的观察要求要指向清晰，尽量把学生的注意力吸引到有价值的信息中去。慢慢地，学生就能学会从数学的角度来观察画面，寻找有用的数学信息来解决实际问题。

在平时的教学中为了更好地培养学生认真审题的习惯，首先要做的是发挥教师的示范作用。如：在读题时，利用语气或声调的变化，突出重点词句，使学生在读题时学会抓住重点句、关键词，从而理解题意，逐渐养成认真审题的习惯。

其次，是要教给学生一些审题的方法。教师经常在课上和学生强调，审题要做到"眼到、手到、心到"。"眼到"，就是把题目完整地审读一遍（低年级学生可以边指边看），这是最直接地从题目获取信息的方法。"手到"，是学生对题目的重点词语进行"画批"，使思维外化。"画"是指对重点词语的圈画，可以是关键的字，还可以根据题目画出线段图等，"批"是指对于关键词或关键句的批注。例如题目的问题为"照这样计算，青蛙3月份能吃多少害虫？"学生就可以把"3月份"圈起来，并在上方批注"31天"来帮助解决问题。"手到"的作用是将眼到内化的过程外显出来，解决错看、漏看等问题。"心到"也就是思考，学生充分挖掘大脑中存储的信息，思考寻找解决问题的方法。这是审题的重要环节，也是解决问题的突破。

学生审题能力的提高是有一个过程的，同时对于学生学好数学是非常重要的。因此在平日的教学中，老师们也要坚持从每节课的每个小问题入手，对学生的审题方法进行指导，从而培养学生认真审题的习惯。

29. 在小学高段是否鼓励所有学生整理知识结构?

在日常教学中，教师们已经形成这样一种认识：在完成某一单元的教学后，会组织学生将所学的数学知识进行系统归纳和整理。而对于这一环节的实施，教师们倾向于让学生自己完成，使其经历知识整理的过程。但在实际教学中，教师们不免会遭遇这样的尴尬：学生呈现的"知识整理"作品，有的只是对知识点的简单罗列，甚至罗列不全；有的虽罗列出了所有的知识点，但甄别不出各知识点与知识主干的关系，结果主次颠倒，喧宾夺主；还有的不能正确表达各知识点间的逻辑关系。学生"知识整理"的作品呈现出差异化和个性化。

例如，教学人教版五年级《多边形面积整理与复习》时，在完成单元学习后，教师请学生自己梳理知识框架。学生大致梳理出了以下几种：

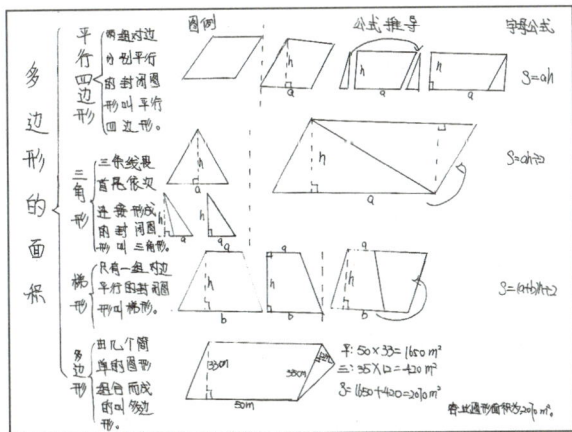

图1

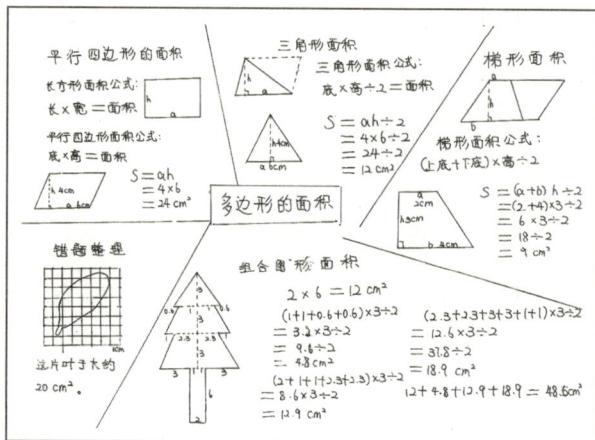

图2

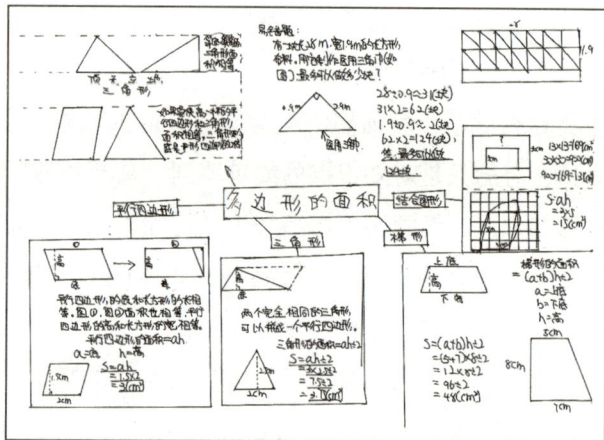

图3

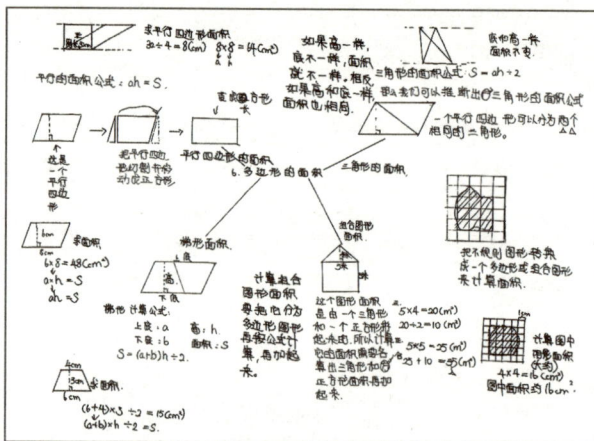

图4

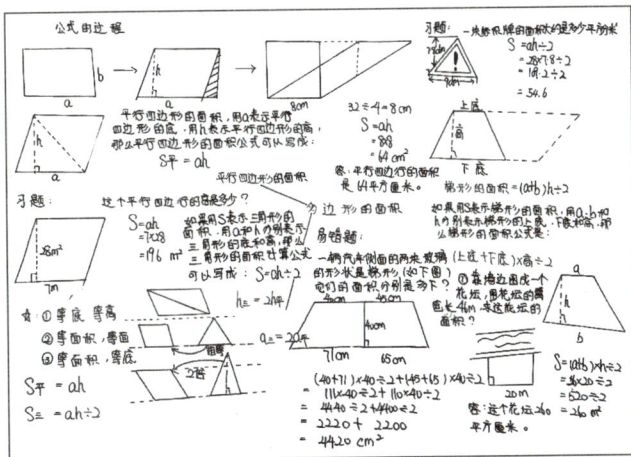

图5

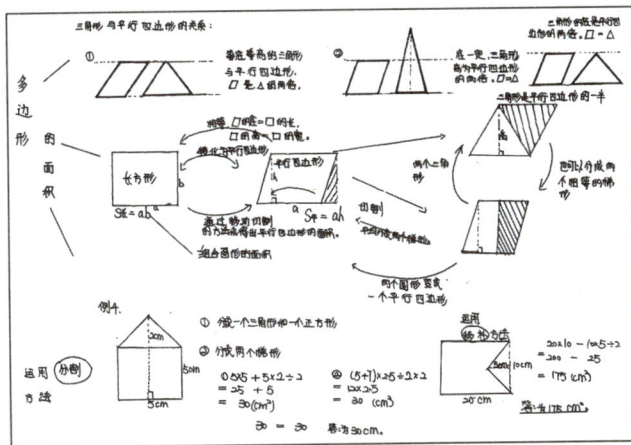

图6

从以上知识框架图中，我们可以看出学生呈现出的不同认识水平。图
1呈现的是对本单元知识点的简单罗列，包括概念和公式计算。图2、图3
和图4呈现的是对本单元知识点比较详细的罗列，包括概念、公式的推导
和易错题举例等。图5呈现的是对本单元知识点比较详细的罗列，它与前
面的不同是呈现的知识点更加细致而全面，但没有勾勒出知识点之间的联
系。图6呈现的是对本单元知识点比较详细的罗列，不仅包括概念、公式

的推导和重点知识点的举例，还包括了知识之间的联系，体现出了"知识的学习不求全而求联"。学生对单元内容梳理出的知识框架图，体现了学生认知发展的不同水平。梳理出图 6 的学生相比其他学生思维的抽象和概括水平要高一些。不同学生呈现出对本单元内容的理解与掌握的水平是不同的。

究其原因，学生的认知发展水平存在差异性。教师首先应该承认学生间的差异，视学生的不同情况因材施教，既不能把单元知识的整理作为学生必须完成的任务，又应该引导他们逐渐养成知识整理的习惯。由于小学生的思维尚处于由具体形象思维向抽象逻辑思维的过渡阶段，而知识的整理又是一个逐渐抽象的过程，因此，学生"知识整理"的框架构造能力需要在教师引导下逐步形成，不可一蹴而就。

面对学生认知发展水平存在的差异性，教师在"知识整理"环节理应发挥点拨与引导的作用。一方面，"放手"与"帮扶"相结合。通过搭建"知识整理"的桥梁，引导学生了解"知识整理"的框架特点，循序渐进，在模仿中让学生逐渐掌握，渐入佳境。可以给出填充框架，通过填空的形式，引导学生结合知识回顾与整理，把不完整的知识框架补充完整，为进一步创造性地自我构建提供框架模型。也可以使用关键词串联，结合要整理的主题，教师给出一定数目且随机排列的概念，引导学生对这些概念进行"联想""串联"，整理出知识框架，以保证学生整理内容的完整性。如教学人教版《数的整除复习课》时，教师课前把本单元涉及的概念"杂乱无章"地贴在黑板上，请学生把这些零零散散的概念作一次梳理，把它整理成一个比较系统的知识网络图，在这个过程中，引导学生构建知识框架。

另一方面，"自主"与"合作"相结合。由于学生的认知发展水平不同，构建出的知识框架图也不同。"自主"的过程是学生系统梳理整体构架知识网络的过程，"合作"的过程则是相互完善与补充，对知识深层理解的过程。如教学人教版《多边形面积整理与复习》时，教师可以先请学生介绍课前整理的知识框架图，在比较各自不同的过程中逐渐完善自己的，使学生感受到图 6 除了梳理出本单元的知识点外，还能够清楚地看到知识之间的脉络联系，从而更好地帮助学生理解和掌握知识。

　　教师应重视学生对已学知识的整理与复习，形成相对系统的知识体系，串珠成链。正如我国著名数学家华罗庚所指出的，学习不仅要经过"由薄到厚"，也要经过"由厚到薄"的过程。它需要学生把学过的内容串联起来，加以融会贯通，抓住重点、线索和基本思想方法，组织整理成精练的内容，这就是一个"由厚到薄"的过程。但这个过程一定是一个循序渐进、包容差异和因人而异的过程。

30. 学生缺乏生活经验导致
解决问题的方法不足怎么办?

数学是研究数量关系和空间形式的科学,是对客观现象抽象概括而逐渐形成的科学语言与工具,因此数学来源于生活,应用于生活,学生学习数学离不开生活,离不开生活经验。

在解决问题的过程中常常遇到这样的问题:比如在学习北京版教材三年级上册《差额等分》实际问题时,学生总认为甲比乙多10元,那么甲给乙10元,两人就同样多了,怎么说好像也说不明白;再比如在学习人教版四年级上册《烙饼问题》时,学生总抱怨:我家不这样烙饼,学它有什么用? 当教师举例讲了2张、3张、4张饼最短用多长时间后,学生仍不理解,如果硬去解题,也是照葫芦画瓢,方法单一,不能举一反三。

分析这两个现象,交换物品、烙饼无疑都是学生生活中常见的现象,为什么经过数学化以后,学生学起来很困难呢? 有的教师认为最主要的原因是学生见过但没有体验过,缺乏体验感悟的过程,生活经验的不足影响了学生的深入理解。

建构主义理论认为,学习知识不是由教师向学生的传递,而是学生自己建构知识的过程。这意味着学习是主动的,学习者不是被动的接受者。大多数建构主义者对学习有四点共识:第一,学习者建构自己的理解;第二，新的学习依靠现有的理解；第三，社会性的互动可促进学习；第四，意义学习发生于真实的学习任务之中。这四点共识表明，建构主义的核心是知识的建构，学生不是一张白纸，他要在原有的基础上，对外部信息作主动的选择和加工，促进自己的认知发展。

诚然，多数学生学习前都有对要学知识的生活经验，只是有多有少。在数学课堂上，如果学生的生活经验不足导致解决问题方法单一怎么办？下面提几点建议：

第一，课前调研，作好铺垫。

了解学生学习前的生活经验往往要作课前调研，通过问卷或访谈，把握执教班级学习新知识的生活经验的多少等。比如北京版教材三年级上册《角的初步认识》一课，对于三年级学生来说，是第一次接触"角"这个概念，学生有哪些生活经验呢？有位教师设计了这样的题目：生活中哪些地方有角？举例说一说，画一画。

从调研可以看出，学生在认识角之前，已经有了一些关于角的生活经验，都能从物体中找到角，认为角是尖尖的，说明对角有一些感性认识。但对角长什么样认识不清，不会指角，学生在生活中感受到的角，往往是一种立体观念，如墙角、牛角等，与数学意义上的角有所不同。因此从生活经验出发，从实物上的"角"抽象出数学中的"角"将是教学的重点。

课前调研学生生活经验是确定教学目标、设计教学过程的基础，是课堂教学准备的需要，目的是便于课上弥补部分学生生活经验的不足。

第二，模拟演示，体验感悟。

如果学生的生活经验不足，教师可以设计相应的模拟演示活动帮助学生体验感悟。比如，在教学人教版四年级上册《烙饼问题》时，天津的特级教师徐长青在课堂上创设了烙饼的模拟演示活动，教师的手掌面当作平底锅，学生的手掌当作饼，手心一面，手背一面。师生共同活动，老师高喊"锅来了……"，学生答"饼来了……"，老师喊"烙吧！"……在轻松愉快的活动中，师生参与了，体验了，真正懂了。关键是在理解难点时更有意思，一口锅，一次最多烙2张饼，要烙3张饼，最短用多长时间？在模拟演示的基础上，又增加了2本数学书正反面的辅助演示，让学生实践操作，体验了过程，积累了经验，理解了规律。这样的模拟演示，丰富了学生的生活经验，促进了学生的深入理解。

第三，画图操作，表现生活。

在解决问题的过程中，学生缺乏生活经验，还可以通过画图帮助学生理解。比如学习北京版教材四年级下册的《植树问题》，学生对于植树这件事或多或少都有一些了解，但对于点与线之间一一对应的规律不理解，如果靠教师讲解也很难说清楚。即使对植树问题理解了，也很难分辨灯杆问题、楼梯问题、队列问题等与植树问题的关系。如果用图去表现树与间隔的关系，就能很好地弥补学生生活经验的不足，发现在三种不同情况下点与线段之间的关系：

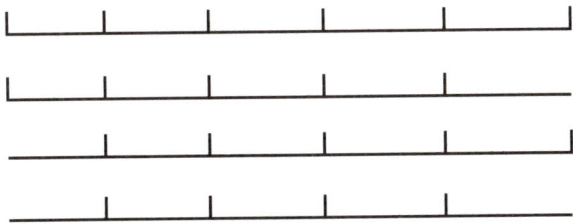

第 1 条线段表现的是两端都种的情况，有 6 棵树 5 个间隔，间隔数 + 1= 棵数；第 2、3 条线段表现的是一端种一端不种的情况，有 5 棵树 5 个间隔，间隔数 = 棵数；第 4 条线段表现的是两端都不种的情况，有 4 棵树 5 个间隔，间隔数 -1= 棵数。

依据此图，也能有效地迁移到其他诸如灯杆等现实问题中。

第四，生活再现，实践感悟。

为了弥补学生生活经验的不足，还可以带学生走进生活，或在课堂上再现生活，让学生去体会，去感悟。比如学生学习长度单位、面积单位、体积单位的认识，或应用单位去实际测量，都可以引导学生去实践，以增长实践能力和本领，为今后解决复杂的实际问题作好铺垫。

第五，生生互动，合作交流。

每个学生的生活经历不同，兴趣爱好不同，思维角度不同。课堂上的生生互动，合作交流能有效地勾起学生间的共鸣，拓宽学生的生活视野，激活生活经验，激发不同的思维方式，不同的解题方法。

学生的数学学习是以问题为主线的，解决问题离不开生活原型，课堂中学生生活经验不足很正常，作为教师要准确地把握学生状况，适当补充资源，让学生如鱼得水，快乐畅游。

31. 学生不会倾听别人的发言怎么办?

倾听是一种习惯,一种能力,体现在人与人的交流过程中。班级授课制的课堂正是培养学生倾听习惯和倾听能力的有利场所,而在现实的课堂教学中,尤其在年轻教师的课堂上经常会看到这样的现象:一是教师讲得津津有味,学生却不理不睬。二是学生合作交流时不倾听,表现在一个小组或一个学生发言时,其他学生各忙各的。三是学生对教师的提问,所答非所问。怎样才能使学生学会倾听与交流呢?

我们来看看北京版五年级上册《三角形三边关系》,孙贵和老师的教学设计:

> 课堂上,教师始终抓住学生的心:第一步让学生自己剪出三条线段去拼三角形。第二步学生自己展示围成的和围不成的三角形并记录数据。第三步自主思考三条边的长短有什么关系,什么时候能围成,什么时候不能围成。第四步自己判断三条边能不能围成三角形,其中学生汇报3、5、8围三角形时,教师让学生先围再想,进而分析数据,最后让学生观察课件——"别让眼睛欺骗了你",课件演示让学生豁然开朗,解决了操作误差问题。判断3、3、6不行时,提出"3.1、3、6行吗?",让讨论进入了高潮。2、3、8不行,x、3、8何时就行了?

x 大于 5，那么 6、7、8、9、10、11、12、13…… 行吗？学生突然发现 x 要大于 5 还要小于 11。每个环节都是先自主探索，再合作交流。师生交流、生生交流充分到位。

透过这个案例，我们可以看到，每一步学生都在边思考边动手，始终处于挑战与释然之中，思维始终处于进行时，环环相扣的情节吸引了学生，倾听与表达成了学生的自然流露。因此，读懂学生，设计"跳一跳，够得着"的数学活动是培养学生倾听与表达的前提。

课堂中如何培养学生的倾听意识和倾听能力呢？

第一，要用生动的课堂情节吸引学生。小学生为什么喜欢看动画片，而且看得那么专注、忘我？因为动画片的故事情节、表现形式符合孩子的年龄特点，能抓住他们的心。同样，课堂也要精心设计，寻找学生的愤悱之时，设计学生喜欢的教学活动，形成扣人心弦的问题串。比如孙老师的《三角形三边关系》一课。

第二，要形成激励机制，调动学生。倾听是习惯，教师在课堂上要有意识地培养。在组织师生交流、小组交流或全班交流时，教师要讲清要求和规则，并贯彻始终。教师要作好表率，引导学生相互学习，发现别人的闪光点。"大家看，这位同学不仅听懂了别人的发言，还很好地表达了自己的想法，真好！"一个眼神，一句赞扬，一个微笑，不费时间，不费力气，却能有效地激励学生认真倾听。

第三，要注意方法引导，实现双赢。倾听有方法，教师要有意引导，到底怎样才算认真倾听呢？学生对此的认识可能比较模糊，教师应该给学生一个具体的、可操作的、细化的要求。有的教师明确提出了"学会倾听要做到五心"，即：一要专心，无论是听老师讲课，还是听同学发言，都要听清老师或发言人说的每一句话，脑子里不想其他事；二要耐心，不随便插嘴，要听完别人的话，再发表自己的意见；三要细心，当别人发言时，要抓要点，学会评价同学的发言，不重复他人的意见，自己的意见要建立在他人发言的基础上或者提出新颖的想法；四要虚心，当别人提出与自己不同的意见时，要能虚心接受，边听边修正自己的观点；五要用心，在听取他人意见时不能盲从，要有选择地接受，做到"说""听""思"并重，相互促进。

课堂上培养学生的倾听习惯和倾听能力，教师要从小培养，注意方法引导，注重激励机制，循序渐进，定会收到良好的效果。

32. 面对学生的"错题"教师该怎么办?

作为教师都知道学生在数学学习过程中总会出现错误,因此,学生犯错误也是教师在日常教学中面临的一件很平常的事情。但是,越是习以为常的事情,背后越是有其独特的研究价值。"对"与"错"都是教学的资源,学生在学习中出现的错误,可以反映出认识上的问题,有的甚至具有普遍意义。那么面对学生的错题教师该怎么办呢?

首先,在平时的教学中,教师要关注学生的"错题",耐心倾听学生的困惑。

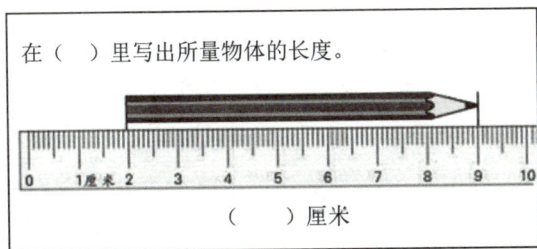

图1

这是小学人教版二年级第一学期的一道练习题。

图2、图3是来自学生的错例。

在（　　）里写出所量物体的长度。

（　9　）厘米

图2

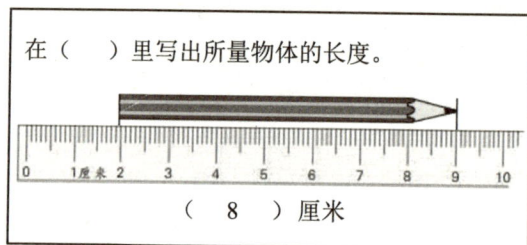

在（　　）里写出所量物体的长度。

（　8　）厘米

图3

　　图2的错误很典型，相信教师们在教学中也关注过。那么图3的错例呢？作为教师，最初的感觉是不是莫名其妙，甚至差点忽略掉？某位教师也有同感，在与孩子交流中，才恍然大悟。记得那个小女孩疑惑又认真地说："我是一个一个数的呀！"说着她指着图3中2厘米刻度处数道"1厘米"，又指着3厘米刻度处数道"2厘米"……就这样指到9厘米刻度处正好数道"8厘米"。原来她数的是刻度"点"。显然，学生误认为从测量起点到终点有多少个刻度点，就包含着多少个1厘米这样的长度单位。

　　其次，要明确对错误进行分析，并不是浪费时间。同时，倾听学生的困惑，其目的也不仅仅是诊断与治疗，更是想办法使它们成为一种有效的教学资源。看似单一的问题并不是独立存在的，要善于沟通联系，把相关联的一类问题进行整合，从而举一反三，触类旁通。

　　面对学生的一道错题，教师可以努力展开联想：学生在哪儿还出现过类似的错误？如上述案例，在测量时，学生会把要数的长度单位（段）的个数，数成了刻度点的个数；在计算经过时间时，学生也常常会在数"时间点"还是数"时间段"间犹豫；在学习人教版《植树问题》时，学生又总是搞不清"棵数"与"间隔数"的关系。透过这些貌似不相关的知识，教师可以清晰地发现数学知识的关联性，以及它们本质的相通性。此处要解决的本质问题就是"点数"与"段数"的关系。而这种关系又并非只出现于植树问题中。在解决问题中、在图形的分割中、在量与计量中，甚至在较基础的数的认识中，它早已存在。由此可见，"点"与"段"的关系是普遍存在的，因此，学生对"点"与"段"的困惑，就需要教师更多、更早地关注。

再次，教师还要探究问题"本质"，挖掘知识背后的数学思想方法。

还是从前面的错例说起。学生在"测量"中出现问题是因为学生误认为从测量起点到终点有多少个刻度点，就包含着多少个1厘米这样的长度单位。学生对"刻度点"与"长度单位（段）"的关系不清楚，究其本质是源于学生对刻度点与长度单位之间没能建立起"一一对应"的关系。可见，对应的思想才是它们背后所蕴含的最基本的数学思想方法。

小学数学教学体系贯穿着两条主线：数学知识和数学思想方法。数学知识是一条明线，直接呈现在教材上。而数学思想方法则是一条暗线，隐藏在知识的背后。因此，面对学生的困惑，要学会透过错误的现象来分析，探究其本质，努力挖掘所蕴含的数学思想方法。

郑毓信教授曾经在《"植树问题"教学之我见》一文中谈道："植树问题"，事实上涉及了"归类"与"分类"两种不同的数学活动。归类是指以"植树问题"为现实原型引出普遍性的数学模式，然后再利用这一模式去解决各种新的实际问题，如路灯问题、排队问题等。分类是指对于上面所提到的每一个问题，又都可区分出三种不同的情况。就植树问题而言，这也就是所谓的"两端都种""只种一端"与"两端都不种"。在这两种活动中，究竟哪个应当成为植树问题的重点？什么又是难点呢？

作为教师可以先试想一下，如果学生不能清楚地认识到路灯问题、排队问题等都与植树问题有着相同的数学结构，都可以被归结为同一个数学模式，那么，对他们来说"这究竟属于植树问题中的哪个类型"的问题显然是没有意义的。由此可见，"模型构建（与应用）"要比"三种情况的区分"更为重要。尽管"植树问题"提供了一个很好的"现实原型"，但在教学中教师必须超出特定情境引出普遍的数学模型。因此，帮助学生清楚地认识到"这些具体问题事实上都有着相同的数学结构"就显得尤为重要，所谓"加一""减一"等法则又只是针对具体情况而作出的适当变化。所以，就植树问题而言，真正重要的是在"间隔"与"树"之间所存在的一一对应的关系。

可见，教师面对学生的困惑时要进行深度剖析，挖掘出知识间的内在联系，探究知识背后所蕴含的最基本的数学思想方法。这样，教师才能做到胸有成竹，教学时方能有的放矢，才能避免学生一些不必要的错误出现。

总之，作为教师要有一颗敏感的心。在教学中，要尊重学生，包括尊重他们所犯的错误。要善于观察、善于倾听、善于思考，要善于透过那些司空见惯、习以为常的现象看到其本质。要遵循学生的认知规律，让学生在数学活动中去体验、去感悟，让学生在掌握表层知识的同时领悟到深层的思想与方法，从而实现数学学习质的"飞跃"。

33. 学生为什么"不喜欢"估算?

在某校人教版小学三年级第一学期的一次期末试卷中有这样一道题:

根据下面的信息解决问题。

种　类	童话书	科普读物	文学作品
数量 / 本	189	378	285

书架上最多能摆 900 本图书,能摆下这三种图书吗?

这道题考查的是万以内数加减法的应用,可采取估算和精算两种策略来解决问题。本题中三个数据都接近整百数,用估算解答较简单。精算则数据较大、连续进位、计算较麻烦。那么学生会怎样解答呢? 某校教师对全年级学生进行了调查。共计 172 名学生,只有 20 人用估算解答,仅占全年级的 11.6%。为什么学生"不喜欢"估算呢? 通过访谈发现,学生没有选择估算解决问题有以下三个原因:

首先,会"估算"但不会"用估算"。在教学中教师往往更重视"如何估算",即估的方法。这导致学生虽会"估算"但不会"用估算"。学生往往看见"大约"才机械地进行估算,而没看见"大约"就想不到选择估算。

其次，对使用估算"信心不足"。学生从学习计算开始，就形成了"计算要准确，计算结果是唯一的"的观念。而估算则不需要准确的计算和结果，由于估算方法不同，结果也就不"唯一"。基于学生心理特点和年龄特征，在估算能力不强的情况下，就会产生心理障碍，会对使用估算的方法感到疑惑、信心不足，总觉得估算"没谱儿"。所以，学生不愿意主动选择估算，觉得还是精算更保险。

再次，嫌"麻烦"而不愿意接受"估算"。在教学中，有的教师总是不断地用成人的思维来告诉学生"用估算更简单"，想方设法要让学生认可，然而学生却觉得"估算太麻烦"，这是为什么呢？其实，只要换个位置，站在学生的角度思考就能理解了。学生进行估算时，要先思考"怎样把数化整"，再口算，这样程序较多。而且，学生无法理解和接受估算有多种结果的现象，又要顾虑结果是否合理，若不合理还需进行调整。估算的整个过程步骤多，不如口算、笔算来得直接。可见，对于估算意识还是空白的学生来说，精确计算是直接的，估算是间接的，要先转一个"弯"，再进行计算。此外，估算方法有很多种，需灵活地选择估算策略，对学生综合能力的要求也就更高。

那么，教师在估算教学中又应注意哪些问题呢？

教师首先要更新观念，重视估算。数学的精确性固然重要，但实际问题的数学化也离不开估算。在日常生活中，应用估算的次数往往多于精算的次数。因此，估算有着广泛的应用价值和数学价值。估算与精算在数学教学中有着同等重要的地位，对数学素养的提升有非常重要的意义。

教师要努力让估算成为一种习惯。在以往的教学中，小学生平时进行较多的是口算、笔算的精算训练，教师更多强调的是精确计算，这样势必会弱化学生的估算意识，形成解决问题都要精确计算的思维定势。因此，教师在教学中应根据教学内容积极渗透估算意识，让估算成为一种习惯。如：在精算前进行估算，可以确定准确值的范围，大大地提高计算的正确率，也可以培养学生自由而灵活地运用多种方法去思考问题。在精算后进行估算，可以利用估算方法来判断计算结果是否符合实际、检验笔算计算结果的正确性，培养学生进行自我检验、反思与纠错，让学生感受估算所具有的优越性。

教师还应合理选择生活中的估算素材，让学生真正感受到估算的价值。在以往的估算教学中，估算素材的选择牵强附会，如：把数目不大、直接口算并不困难的题目交给学生，要求用估算解答，学生势必感受不到估算的价值。因此，教师要真正从生活中，合理选择用估算解决的问题作为素材。如：购物中对不同包装规格商品单价的比较和对所带的钱够不够的判断、旅游中对所需经费的预算和行程的安排，以及生活中水龙头漏水问题、养车的费用问题、手机话费的问题、公交卡充值的问题等等。让学生真正感受到估算的价值，认识到估算是生活中解决问题的一个重要策略。教师也可以从学生现实背景出发，重新处理好教材内容，使学生自觉地跳出精算的思维框架，努力唤起学生内在的估算意识。如仍以上题为例，教师可以稍作修改：

根据下面的信息解决问题。

种　类	童话书	科普读物	文学作品
数量 / 本	189	378	2 ■■

书架上最多能摆 900 本图书，能摆下这三种图书吗？

数据的不确定性，导致"精算断路"，迫使学生跳出"精算"的定势，以估算的眼光来思考。这样就能有效地培养学生的估算意识，使学生感受到估算在日常生活中的广泛应用，提高学生的估算技能。

教师还可以放宽估算评价标准，允许估算过程中的不完美，简化估算的过程和书写方式。估算本身是一种开放性的思维活动。在估算过程中，每个同学都有自己的想法，面对同一问题所采用的策略不尽相同，思维呈现的过程也不尽相同，估算结果往往不是唯一的。教师在进行评价时，对估算结果要放宽标准，切忌追求统一答案。只要学生的想法合理，切合估算的目的或解决问题的需要，就是合理的估算。对估算过程也要降低要求，要简单明确，不需要那么复杂、那么完美，不要太计较孩子们的些许偏差。估算教学一定要让学生掌握基本的估算方法，并引导学生灵活地选择合适的估算策略。

总之，在日常生活和学习中，估算是解决问题的一种重要策略，作为教师要切实引导学生喜欢上估算、学好估算。

第三辑

如何选择教学方式

吴老师说

　　老师们，教学方式是教师和学生为实现教学目标，完成教学任务，在教学过程中采取的方式与手段，既包括教师教的方式，也包括学生学的方式。教学方式是教师根据教学内容和学生特点来确定的，反过来又会作用于教学内容和学生的学习过程。马克思说："教育绝非单纯的文化传递，教育之为教育，正是在于它是一种对人格心灵的'唤醒'，这是教育的核心所在。"那么，在教学过程中我们的"唤醒"方式就显得尤为重要。这就需要老师们在把握数学本质，了解学生如何学的基础上，设计科学、合理的教学过程中，把学生的创造力激发出来，将生命感、价值感"唤醒"。

　　我们收集了来自广大一线教师在选择教学方式中遇到的一些问题，并进行了梳理，试图通过鲜活的案例作出解释与回答，以期对一线教师有所帮助。需要说明的是，本章在每个问题下所提供的回应只是我们的一种思考，并非放之四海而皆准的普遍标准。考虑到每位一线教师的个人特点和所面对学生的不同，采用的教学方式也会有所不同。正如我们教学中常说的"教学有法，但教无定法"，如何选择恰当的教学方式，还需要老师们依据学生的特点智慧地去选择。

34. 数学教学是否一定要创设现实情境？

正如"新课标"所要求的："数学教学要紧密联系实际，从学生的生活经验和已有的知识出发，创设生动有趣的情境。"教师的教学要为学生提供适宜的问题情境，从而调动学生的积极性，发挥其潜能。

数学教学情境，指的是学生在进行数学活动时的学习环境，一般可以分为现实的情境、数学的情境。无论采取怎样的情境，最终的目的都是为了把学生引向思维活动。

创设情境的途径和方法很多，根据教学内容的不同，教师可以创设生活情境、故事情境、数学情境等。

首先，小学数学教学中，常常探讨数学与现实生活相联系的问题，教师可抓住联系，创设生活情境。比如，小数的认识，就应与"元、角、分"紧密联系，这样小数概念就会自然地在儿童的心底里生根。又如，负数的教学，我们可以举一些具体的、具有相反意义的量来创设学习情境。

其次，小学教师所教的数学，是"儿童数学"，儿童喜欢故事，教师可以创设故事情境。其实，很多数学的发现都有着精彩的故事，如从最早的结绳记事到数字的产生，数字的由来，阿基米德由一次洗浴发现了排水法计算体积等等，我们完全可以利用这些精彩纷呈的数学故事来丰富我们的课堂教学，调动和促进学生的积极性。当然教师还可以自己创设故事情境，从知识和技能形成的角度来说可能并没有差别，但从学习的情感与态度角度来说可能效果截然不同。

再者，随着年级的升高，数学学习有时并不与小学生原生态的生活现实直接联系，但是会联系学生的"数学现实"，教师就可以创设数学情境。比如，学习三角形、梯形、圆形的面积，教师在教学时可创设"回顾前情"的情境："之前学习平行四边形，我们是怎样推导面积公式的？""你能把今天的图形转化成以前学过的图形，从而推导出面积公式吗？"创设"数学情境"促使学生运用"转化"的思想，把新知识转化为旧知识来解决。

说到创设数学情境，不得不提刘兼和朱乐平老师都曾举过的例子——负数的教学。除了可以创设生活情境，也可以创设数学情境：用 1 和 2 可以组成哪些算式？写出它们的结果。$1 \times 2 = 2$，$2 \times 1 = 2$；$1 \div 2 = \frac{1}{2}$，$2 \div 1 = 2$；$1 + 2 = 3$，$2 + 1 = 3$；$2 - 1 = 1$，$1 - 2 = ?$ 在列出所有的算式中，只有 $1-2$ 写不出结果，该怎样表示呢？从数学认知的冲突中引入学习新知。

总之，情境在教学中的作用是毋庸置疑的，但并不是越现实越好，需要根据学生的年龄特点，学习内容的需要，有针对性地设计。

有时，为了学习解决问题的策略，渗透数学的基本思想，教学中还会将数学中的典型问题包上生活情境的外衣呈现给学生，使学生更直观地认识数量之间的关系，学习解决问题的策略。

比如数学广角"鸡兔同笼"，现实生活中不会有这样把鸡和兔子装在一个笼子里的情况。即使把鸡和兔换成三条腿的凳子和四条腿的椅子，其实还是脱离现实的，因为数一数不就完了，有谁会去解这样的题目呢？

又如数学实践活动"打电话"是利用学生熟悉的生活中打电话的情境，通过画图等方式，使学生找到打电话的最优方法，目的是渗透化繁为简、符号化、优化等数学思想和方法。

也就是说，这类问题的本意是训练数学思维，不在乎实际生活中是否存在这样的问题，但是为了学生理解方便，创设生活情境是有必要的。

当前小学数学教学中，情境创设备受重视。无论创设现实情境、故事情境，还是数学情境，希望老师们始终不要忘记所教的数学内容是什么，毕竟，"把握数学本质才是一切教学法的根"。

35. 如何恰当制造学生的认知冲突？

　　学生在学习新知识之前，头脑中并非一片空白，而是具有不同的原有认知结构。学生总是试图以这种原有的认知结构来同化对新知识的理解，当遇到不能解释的新现象时，就会打破之前低层次的"平衡"产生新的"冲突"。因此，学生学习的过程又是一个"冲突"不断产生、化解和发展的过程。那么，一个有智慧的教师就应该善于巧妙设置情境，引发认知冲突，引导学生充分激活已有的知识经验，主动地建构知识，获得对数学知识本质的理解。而巧设认知冲突可以从以下几方面进行尝试：

　　首先，要善于捕捉学生的知识易错点，巧妙引发认知冲突。

　　教学中有不少易错点容易诱发一些错误，这些易错点既有知识方面的，也有思维层面的。教师要善于在易错点上为学生制造认知冲突，让学生在思维碰撞与质疑争议中纠错，达到建构知识的目的。

案例1：北京版二年级下册《轴对称图形》教学片段

　　某教师在执教这个内容时，当学生认识"轴对称图形"的特征后，教师出示三角形、五边形、梯形、平行四边形、圆等图形，让学生判断这些图形是不是轴对称图形。在交流过程中，针对"平行四边形是不是轴对称图形"，有的学生认为是，理由是从中间画一条线，可以把平行四边形分成形状大小完全一样的两个小平行四边形。有的学生认为不是，理由是对折之后，两边的图形没有完全重合。这时，教师没有直接下结论，而是围绕这一矛盾冲突点，诱发争议：左右两边形状大小一样就一定对称吗？看一个图形是不是轴对称图形，关键看什么？在争议中，学生逐渐把握了轴对称图形概念的关键："对折"和"完全重合"。

平行四边形是不是轴对称图形，恰恰是学生的易错点，形成错误的原因有三方面：一是学生的思维水平较低，容易受视觉的影响；二是受长方形、正方形这些与之相似的四边形的干扰；三是学生对轴对称图形的本质特征认识不清晰，关注的重点偏向于"两边形状一样"，忽略了"对折"这一行为特征。当两种意见僵持不下时，教师的高明之处不是简单提醒或直接告诉，而是引导学生进行思考和辩论，充分暴露思维过程。在激烈的认知冲突中，学生对轴对称图形的本质形成了新的认识。

其次，要在问题关键点上追根溯源，在"冲突"中让未知变已知。

教学中有很多关键点，教师对这些关键点简单告知很难让学生真正理解知识本质。教师要遵循学生学习的内在法则，从知识的源头开始，诱导学生产生认知冲突，让学生在探索过程中获得结论。

案例 2：苏教版四年级上册《角的度量》教学片段

"角的度量"是学生学习的一个难点。如何让学生既能学习相关知识技能，又能深入理解知识的本质？强震球老师在执教这一课时，找到了量角器创造的"根"，大胆地退到知识原点，还原了量角器设计者的思考轨迹，不断地凸现种种认知冲突，打破学生的认知平衡，引导学生经历了量角器"再创造"的过程。他先让学生用活动角来比较两个角的大小，当得出∠2比∠1大后，紧接着问"那∠2比∠1大多少呢"，学生苦思冥想不得其解。教师不失时机地出示10°的小角，通过操作比较出∠2比∠1大一个小角。"一个一个小角是零散的，操作起来很麻烦。能不能想个办法，既保留用小角来比非常精确的优点，又改进操作起来麻烦的缺点，让这些小角用起来方便些呢？"在强烈的认知冲突下，学生产生了许多有创意的设想："连起来，拼起来!"教师引导学生用18等份的半圆工具度量三个角的大小，当量到∠3时冲突又产生了："这多出来的一点点不满这么大的一个小角，到底是多少呢？"引发学生得出"要将每一个小角分得更加小一些"，角的计量单位"度"自然地浮出水面。

一个极有价值的数学问题再次引发学生的认知冲突，在冲突中教师引进两圈刻度，学生在从数角到读刻度这一策略优化的过程中，思维获得实质性的提升。整节课，学生在种种冲突中完成了对量角工具的再创造，较好地把握了量角器的原理，最终理解和掌握了"量角器的本质"与"量角方法的本质"。

最后，在打破原认知平衡中，激活认知冲突。

教学中常常会看到学生对新知识的"轻视"，认为简单而不重视。在教学中教师要想办法打破学生的原认知平衡状态，激活认知冲突，让学生在学习中获得新的体验。

案例3：北京版四年级上册《商不变的性质练习课》教学片段

教学运用商不变的性质简算 1200÷500 一题时，教师让学生自己先在本子上试着做一做。由于学生刚学习完商不变的性质，在计算方法上不存在问题，所以学生们兴趣十足、信心百倍地做了起来。之后教师组织同学进行交流汇报，许多同学运用商不变性质计算后都商2余2。

教师又让学生们进行了验算，验算的过程中许多同学都发现了问题，纷纷开始了议论，有一部分同学更高举小手。这时教师急忙叫停，适时引导："你们有什么问题吗？"孩子们纷纷表示验算的结果与被除数并不相等，说明不是商2余2。而有一小部分同学仍然坚持：

"咱们都是按步骤算的啊，怎么会不对呢？"这时教师并没有着急出示结果，而是让学生们围绕自己提出的问题"1200÷500的结果是商2余2吗？"开展讨论，各自阐述自己的观点，并可以向对方提问。于是，双方同学马上展开了唇枪舌战，一开始学生都有各自的道理，但渐渐地，同意商2余2的同学就意识到自己错了，并且对那些反驳他们的同学表示心悦诚服。

针对"1200÷500的结果是商2余2吗？"这一问题，学生的认知平衡再次被打破，在这样的冲突中，学生带着疑问，通过不断的探索、讨论，思维逐渐走向深入。

总之，正是在一次次的认知冲突中，学生的思维经历了从"平衡—不平衡—平衡"的起伏，认知经历了"解构—建构—重构"的过程，而学生的认知结构正是在这样的过程中不断完善的。巧设认知冲突势必会促进学生的深度学习，同时也会给我们的课堂带来数学的灵动与活力。

36. 如何引导学生发现、提出问题？

提问是课堂教学中不可或缺的一部分，除了教师提问，学生提问也越加被重视。"新课标"把"发现和提出问题，分析和解决问题"作为数学课程总体目标的重要内容，从强调"分析与解决问题"到还要强调"发现与提出问题"，这是数学课程目标的一个发展。

教师在教学实践中最大的困惑就是如何有效地培养学生发现、提出问题的能力。下面，我们介绍一下自己学校（北京市房山区北京小学长阳分校）数学团队在"培养学生发现、提出问题能力的实践研究"中的一些经验。简单概括为"三问"课堂，即问图、问人、问己。问图，"图"即情境，在具体情境中提问；问人，"人"，即他人，包括老师、同学，在学习过程中，形成师生、生生、生师之间的互问；问己，"己"即自己，反思自己的思考过程、学习过程，自主提出新的问题。

在实践过程中，教师从创设宽松和谐的友善教育氛围入手，使学生敢于提问。具体到课堂实践，是这样做的：

其一，导入环节——问图。

教师提供与学习内容相关的大情境图，类似单元情境图。学生利用大情境提出与数学有关的问题。然后，聚焦小情境图（从大情境中截取小情境），学生根据小情境中的信息（条件），提出问题。选取本节课要探究的核心问题，引入新课。

教师出示一幅情境图，再引导学生：根据情境，你能提出一个数学问题吗？

有的学生会提：有多少朵百合花？有多少朵月季花？很明显这种问题通过看图都是可以知道的，是已知的数学信息。引导学生明确所给数学信息：妈妈买来9枝月季花，7枝百合花，把这些花插在2个花瓶里。

这时，教师结合情境引导学生思考，哪两个数学信息之间有关系，可以提出什么问题，引导孩子根据信息找联系提问题。学生可能会问：一共有多少枝花？插在2个花瓶，平均每个花瓶插多少枝花？然后沿着学生提出的"平均每个花瓶插多少枝花"展开本节课的教学。

其二，探究环节——问人。

在探究新知的过程中，教师提问学生，无形中教给学生一种问的方法；学生问学生，学生在不断质疑、不断思维碰撞中，获得来自同伴的肯定、鼓励，获得对新知的深刻理解，自然而然习得一种提问方法。

案例2：以绘本《咔嚓咔嚓爸爸是个魔法师》为素材设计课堂活动

活动一：看绘本封面，提出问题。

学生提出了"咔嚓咔嚓是什么意思？""为什么说爸爸是神奇的魔

法师？""这个故事和对称有什么关系？"带着这些问题，学生开始了绘本阅读。

活动二：阅读绘本，寻找答案。

通过汇报交流，学生提出的问题一一解决。新的问题也不断产生。

关于圆有几条对称轴，书中是这样描述的：圆有无数次重合的机会，所以圆有无数条对称轴。一个男生对此结论表示怀疑，他的理由是："我怎么想，圆也就有 100 多条对称轴，不可能是无数条。"围绕这一问题展开了互动交流，孩子们各抒己见。一个女生提出"你可以想象，那条线变细，再变细，再变细……"在想象中，学生接受了这一事实。

继而，学生又由此引发了新的问题："圆有无数条对称轴？半圆有几条呢？"通过先想一想，再动手折一折，验证了尽管圆有无数条对称轴，但半圆却只有一条。

学生互动提问的过程是自然的，思维是连续的、打开的。学生对于图形特点、本质的关注，更显现了学生天然的几何直觉。

其三，课后小结——问己。

案例 3：北京版一年级上册《20 以内数的认识》教学片段

课的结尾，学生提出这样的问题：

生：是不是所有的数都有两个相邻数呢？

生：20 只有一个相邻数，是 19。

生：20 后面也有数，是 21，咱们还没学呢！

生：最大的数的相邻数是谁和谁呢？

师：谁来说一个你想到的最大的数？

生：一百。

生：一千。

生：1 万。

生：1 亿。

师：还有比 1 亿大的吗？

生：1 亿再添上 1，就比 1 亿大。

生：这么说，好像没有最大的数啦，我们想出一个数，只要添上 1 就变大了。

（其他学生赞许地点点头）

生：我告诉你们吧，最大的数就是把 8 躺着放……

师：是不是所有的数都有两个相邻数呢？

生：是！

生：所有的数都有两个相邻数。减去 1 是前面的那个相邻数，加上 1 是后面的相邻数。

……

此环节，学生由 19 的相邻数，想到"是不是所有的数都有两个相邻数呢"，进而提出"最大的数的相邻数是谁和谁"。由特殊想到一般，再由一般回归到特殊。互动交流中发现，没有最大的数，并深化了对数的理解，体会数的依次递增性。同时，对于所有的数都有两个相邻数，通过加 1 或减 1 就可以得到。多好啊，相邻数和原数的关系不仅可以用位置刻画，也可以用运算刻画。

教师围绕本节课的内容，鼓励学生反思自己的学习过程，形成自己问自己的意识："我还有哪些问题？"一节课从"问题"开始，以"问题"结束。

北京小学长阳分校提出的三问课堂——"问图、问人、问己"并不拘泥于特定环节的使用，而是贯穿数学课堂的始终，也是学生提出问题的有效"脚手架"。

课堂教学离不开提问。今天的课堂，提问权已由专属于教师变为师生共享。很多教师都在有意识地培养学生发现、提出问题的能力。随着学生能够提出简单的数学问题，教师则更希望学生能够提出有价值的数学问题。如何在常态课中引导学生提出有价值的数学问题呢？

案例4： 北京版三年级上册《有趣的数》

学习《有趣的数——正方形数》一课时，学生围绕课题提出了"什么是有趣的数？""有趣在哪儿？""有规律吗？""和哪些知识有联系？"等问题。

围绕学生提出的问题展开研究，正方形数的神秘面纱——揭开，一节课下来，学生学得有滋有味。

课的结尾，学生提出了新的问题：还有哪些图形数？

学生们围绕这个新的问题，开始了新的研究，课下各自搜集资料。于是，教师围绕图形数，上了一节拓展课。学生汇报交流的过程，真可以说是一顿图形数的大餐。数学书中的正方形数，主要是借助乘法中两个相同的因数来进行刻画的，比如 $4=2\times2$，$9=3\times3$……而学生搜集到的正方形数则从另外一个角度来观察：$4=1+2+1$，$9=1+2+3+2+1$……丰富了对正方形数的认识，更感受到图形数的奇妙。学生还介绍了三角形数、长方形数和六边形数，这些图形数既有图又有数，学生不禁感叹，图形数太神奇了。每个图后面都藏着数，每个数后面都藏着图。

教师要善于挖掘学生真实的问题和困惑，要鼓励学生沿着自己真实的困惑展开新的研究。

同时，教师要有意识地结合所教学的内容，帮助学生丰富提问角度。

案例5： 北京版一年级上册《学看钟表》

当学生能准确认出8时、6时、3时这三个整时时，教师问："观察这几块钟表，你能提出一个数学问题吗？"

生：这一共是几时呢？

师：（笑）一般不会问这样的问题，算一共几时没有太大的意义。

师：把几块表放在一起时，我们可以联系起来进行比较，问问自己：有什么相同的地方？有什么不同的地方呢？来，一起问问。

生：有什么相同的地方？有什么不同的地方？

这是学生不会自然产生的提问角度——同中求异，异中求同。教师正是挖掘到了这一新的提问角度，为学生提出有价值的问题积累了新的经验。

如何引导学生发现、提出问题是需要教师以一种执着的精神持续去思考、去实践的。就在这一过程中，学生对于什么是有价值的问题的认识更加清晰，提问经验也更丰富。提出有价值的数学问题不再困难，反之变得更加自然。

在研究的过程中，教师也需要不断思考：培养学生发现、提出问题的能力究竟会给数学课堂带来什么呢？以下几点是我们的感受：

学生发现、提出问题的过程，可以看作学生不断突破原有认识的过程。学生的思维变得更灵活，解决问题也会随之更灵活。

学生发现、提出问题能促进学生良好人格的培养。提问、讨论有利于学生之间的平等交流，互动分享。

学生发现、提出提问能促进良好课堂氛围的形成。学生自主发现、提出问题，全班围绕问题进行研究，有倾听，有质疑，有辩论、有赞许……良好的课堂氛围在不知不觉中得以强化。

也许学生发现、提出问题带来的远不止于此，希望教师们在后续研究中不断去发现。作为一名数学教师，在课堂中，只需给学生发现、提出问题的空间，不断激活，再激活……

37. 如何依据学情有效落实重难点?

在日常教学中，教师们往往会遇到这样的问题，明明是钻研了课标、吃透了教材，依据教学目标确定了本课的重难点，但是在真正实施的过程中却是状况百出：要么就是一节课忙忙碌碌，该讲的却没讲完，要么就是知识讲完了，可到了学生那里却跟没讲一样。可见，教学重难点的确定除了要依据课程标准和教材之外，最重要的依据还要来自学生的实际水平和已有经验。那么如何更好地了解学情，为突出重点和突破作好前期预设呢？下面的案例或许能带给我们一些思考。

案例：北京版四年级下册《植树问题》

"终于下课了"，这是一位教师上完《植树问题》后的第一感觉。整节课学生都在忙忙碌碌地观察着、回答着、活动着，每走一步，教师都小心翼翼地引着、领着，生怕学生走弯路，耽误时间。结果，一节课上了 50 分钟不说，每个活动似乎都没有很彻底地完成，学生对植树问题的模型建构也不够扎实，重难点感觉没落实，所有人都在赶时间。总而言之一个字——累。

"为什么？每一步不都是带着学生扎扎实实地走过来的吗？"这位教师心里充满了疑问。于是，她找了几个学生进行了访谈，学生的话使她茅塞顿开："老师，您总让我们看课件，其实我们能自己画图来说明这个问题的。""有时候我不太清楚您说的那种植树类型是什么意思，所以就随便做的。"

访谈之后，这位教师真切地感受到："学生的观察能力、逻辑思维能力及推理能力到底有多高。教师连这个都不知道，怎么能够设计出科学合理的教学方案呢？在没有进行任何课前调查的情况下开展教学，又何谈重难点的突破呢？"

可见，要有效落实一节课的重难点，是离不开对学生的了解的，教师的"讲"一定要基于学生的"想"。我们要从学习基础、学习困难以及学习路径出发，了解学生的原有水平。

有一位教师在执教《植树问题》一课之前，进行了调研，并提出问题："在学校南面两墙之间种一排树，全长 120 米，相邻两树之间、树与墙之间的间隔都是 30 米，一共能种多少棵树？"然后请学生自主解决。经过分析，全班 40 名学生对这道题的解题情况主要出现了以下几种情况：

第一种：120÷30=4（棵）；共 23 人，占全班人数的 57.5%。

第二种：120÷30-2=2（棵）；共 5 人，占全班人数的 12.5%。

第三种：120÷30-1=3（棵）；共 3 人，占全班人数的 7.5%。

第四种：120÷30+1=5（棵）；共 2 人，占全班人数的 5%。

第五种：不会做；共 7 人，占全班人数的 17.5%。

其中有 7 人画图解决，只有 2 人做对。

通过访谈，可以进一步了解到学生主要存在三个困难。第一，不理解题意。对于两墙之间种树，缺乏实际生活经验，在没有图的情况下存在理解上的偏差。第二，学生普遍把列式求得的间隔数 4 当作了 4 棵树，这个认知冲突激发了学生的学习需求，也是本节课的难点所在。第三，有 $\frac{1}{3}$ 的学生只知道这道题要用两个数计算，但是不清楚为什么这么算。通过前测，暴露出了学生一些原有的想法。

在进行教学设计的时候，我们就可以有针对性地确定本课的教学策略来突破重难点：其一，以问题情境为载体，比如创设让学生帮助工人叔叔在公园植树的模拟情境；其二，以认知冲突为诱因，学生的想法很多，不唯一，到底谁的对，以此为诱因来引导学生进一步往下探讨；其三，以数学活动为形式，让学生在"尝试探索"中学到解决问题的思想方法。

就植树问题而言，针对学生受旧知识的影响、干扰，认为全长除以间隔长度就是植树棵数的错误生成，可结合画线段图，渗透"一一对应"的思想，引导学生修正自己的错误认识。在学生解决"两端不种"的植树问题后，引导学生推想"两端都种"的模型，以培养推理能力。

总之，只有关注学生的需求，精心设计教学策略，给他们发现知识的空间，经历知识形成的过程，才能更好地突出重点、突破难点；让他们明法明理，才能使他们真正享受到数学学习的快乐！

38. 如何培养学生从复杂情境中读取信息的能力?

新课程下的"解决问题"更加突出"数学与生活的联系"。有些问题甚至是生活场景的再现(如下图)。

人教版五年级上册第一单元第18页练习题

解决问题的过程中,由于学生缺乏这样的生活经验,有的学生认为27.5元是35张照片的总价,有的学生把所有的数量都用上,出现的错误让人啼笑皆非。教师们不禁要想:该如何培养学生从复杂情境中读取信息的能力呢? 一位教师的教学过程引发了人家的思考。

案例:人教版五年级上册《解决问题》教学片段

师:看到这个情境,你有什么问题?

生1:"加印"是什么意思?

生2:定价27.5元,怎么还问一共需要多少钱?

师："加印"是什么意思？你是怎么知道的？定价是不是最后要付的总钱数呢？你是从哪看出来的？

生：主题图左边的女士说："一共需要35张照片。"显然，五（1）班的师生每人一张。右边的女士说："需要加印30张。"她俩人的对话中的数量相差5张。为什么会相差5张呢？因为价目表中提到了定价27.5元里面包含着5张照片。如果每人一张还需要30张。"加印"的意思就是在付了27.5元（包括5张照片）之后多印的张数。

生：需要注意的是，"合影价格表"几个字下面的内容分成了三行，前两行说的都是有关27.5元的事，也就是给大家照相27.5元，同时给5张照片。而最后一行说的是在此基础上如果再多印一张加2.5元，加印的30张应该按这个单价来收。所以定价并不是最后要交的总价。

教学过程中，教师帮助学生经历了读懂信息、发现问题、提出问题的过程。生1从所给的信息本身发现问题，不理解"加印"的意思。生2通过信息对比发现问题，把题目中的"定价"和要求的"总价"弄混了。课标解读中提到，所谓"发现问题"，是经过多方面、多角度的数学思维，从表面上看来没有关系的一些现象中找到数量与空间关系方面的某种联系，或者找到数量与空间关系方面的某种矛盾，把这些联系和矛盾提炼出来。"提出问题"是在已经发现问题的基础上，把找到的联系或者矛盾用数学语言、数学符号以"问题"的形态表现出来。这样发现问题、提出问题，结合情境分析问题的过程看起来慢，但是有利于学生正确表征问题，这是解决问题的关键。

比如，在学生解答上一个情境问题的过程中，教师接着问："情境中告诉我们什么？要求什么？你能通过什么方式清楚地告诉大家？"

生3是这样表示的：

5张		30张

27.5元 每张2.5元

共付多少元?

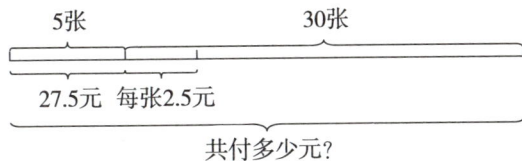

生3通过画图的方式清晰地表示出已知条件和问题的关系。从图中可以看出共付的钱数是由两部分组成的，一部分是照相（包含5张照片）的27.5元，另一部分是加印的30张的钱数。

生4是这样表示的：

在选择信息的过程中，生4把相关的信息连线，此时情境被简化，只剩下了解决问题所需要的信息。解决问题的思路非常明朗了。

生5：35人照相，交27.5元，给5张照片。还要加洗30张每张2.5元，一共花了多少元?

生5有条理地摘录信息后，就把"问题情境"转化成了"数学问题"。从摘录整理的结构，可以看到学生已经设计好了解题的步骤。

因此，在复杂的情境中，要引导学生主动阅读信息，选择信息，整理信息，建立联系，从而明确数学问题，再用适当的形式将问题表征出来。当教师努力帮学生将经历转化为经验后，学生从复杂情境中提取有效信息的能力会逐渐形成。

39. 数学教学中怎样培养学生多角度分析问题的能力？

偶然的一次教研活动，听了一位教师的试讲，课上学生解一道数学题时居然都用到了同一种方法。

案例： 人教版四年级上册购物中的数学问题

出示问题：

为了招待客人，王奶奶准备到超市去买奶，正好超市在搞促销：原价每盒4元，现在买三赠一。王奶奶计划了一下，就买20盒吧。这些奶要花多少钱呢？

接下来，教师呈现了下面这幅图：

没想到学生解题过程都是一样的：

一组多少钱：4×3=12（元）

买了多少组：20÷（3+1）=5（组）

共花多少钱：12×5=60（元）

课上教师启发：还能从别的角度分析一下吗？学生你看看我，我看看你，满脸写的都是"难道还有别的角度？"

这本来是一个可以用多种方法解答的问题，为什么会出现这种情况呢？

仔细分析可以发现，问题中的主题图指向明确，可以直观地看出每一组有4盒，花其中3盒的钱就可以了，也就是每组花4×3元。这些牛奶可以分成这样的5组。学生通过"读图"就可以解决问题，没有经历"怎样从条件和问题入手一步步使问题得以解决"的过程，学生没有展现个性化理解问题的空间，所以造成了解答方法唯一。

如何培养学生多角度分析问题的意识呢？

其一，教师可以使问题具有一定的开放性。

同学们要到福利院慰问小朋友，大家决定用卖废品的钱买些牛奶，正好学校附近的两个超市都在搞促销：原价每盒4元，甲超市买三赠一，乙超市买四赠一。虽然生产日期不同，但是都在保质期内。同学们决定买20盒，到哪家超市买花钱少？

师：我们可以从哪些角度来回答这个问题呢？请独立思考，想办法让大家能够明白你的想法。

因为教师没有为学生提供主体图，所以学生可以根据个人生活阅历、认识深浅不同，选择分析问题的角度以及表达方式。主要出现了下面5种做法：

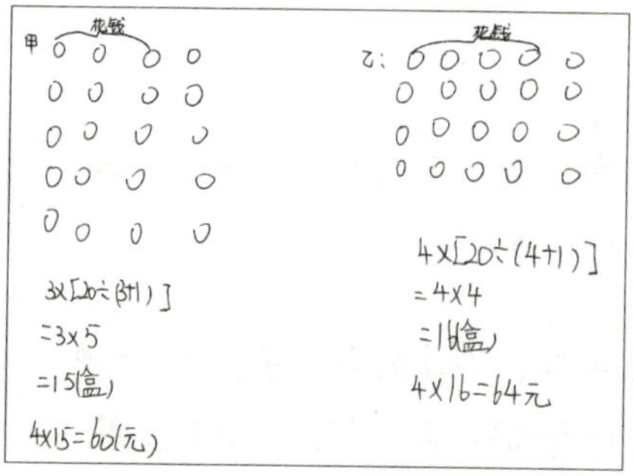

生1比总价

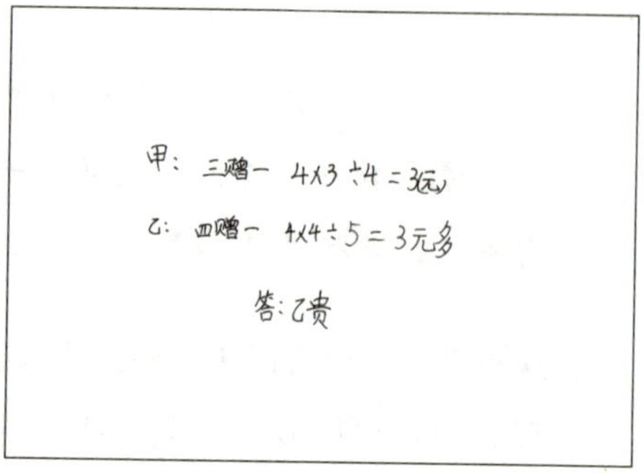

生2比单价

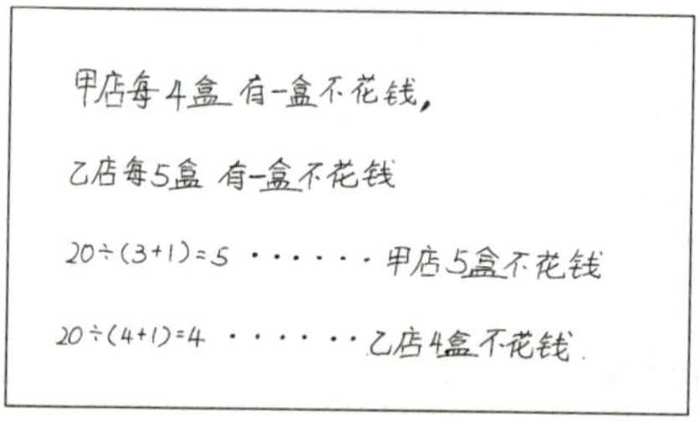

生3比不花钱的盒数

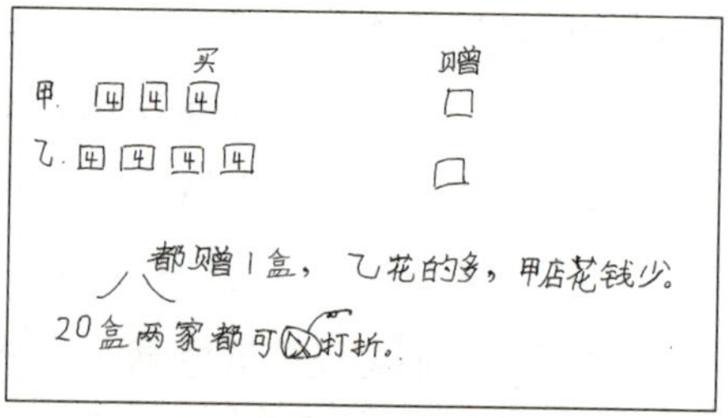

生4比花钱的盒数

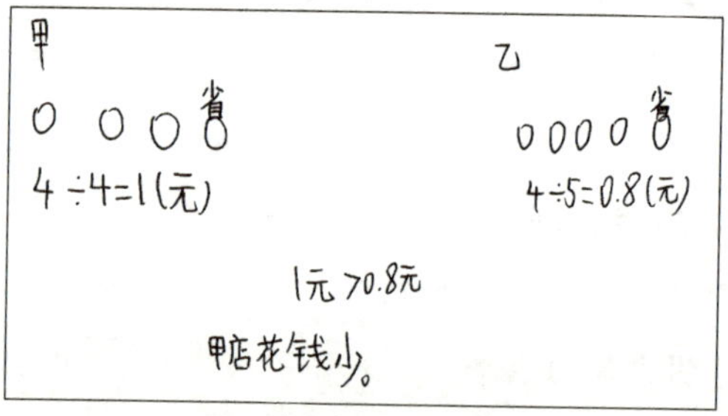

生5比每盒省的钱

　　分析以上5种做法，生1、生4、生5将问题形象直观地表示出来。生1的方法有点麻烦，但是他能够做到"从头想起"，找到了适合自己的方法和角度，使大家一目了然地看出怎么计算总价，并通过比较总价判断哪家超市更便宜。从生4的做法中可以看出，都是赠1盒，甲店要花3盒的钱赠一盒，乙店要花4盒的钱才能赠一盒，所以甲店花钱少。从生5的做法中大家可以看到，在甲店，省下的 4 元平均到 4 盒中，也就是每盒省 1 元，乙店省下的 4 元平均到 5 盒中，每盒省不足 1 元，所以甲店花钱少。

对问题修改前后进行比较，"这些奶要花多少钱"就是求总价，而"到哪家超市买花钱少"可以比总价、单价、省下的钱、花钱的盒数、不花钱的盒数，角度多。在探索分析和解决问题的方法的过程中学生要独立、有条理地思考，为了清楚地表达自己的思考过程和结果，他们主动选择了画图、文字、算式等方式进行表达。在交流的过程中，学生不仅体会到了解决问题方法的多样性，还提升了思维品质。

其二，教师不妨给学生创设一些具有挑战性的问题。

如：图中四边形 EFGH 是正方形，求长方形 ABCD 的周长？

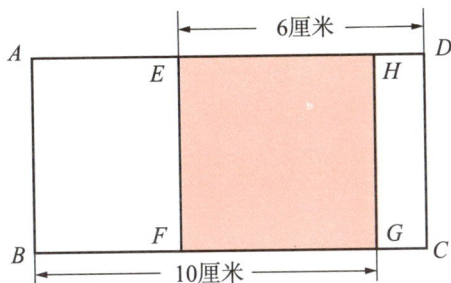

求长方形的周长，学生首先想到的就是找到长方形的长和宽，然后根据公式 $S=(a+b) \times 2$ 求出周长。可是让大家苦恼的是无法确定长方形的长和宽。面对挑战，学生提出这样的问题："长方形周长跟这个正方形有什么关系？""AE、CG 的长度是多少？正方形的边长是多少？不知道它们的长度该如何求长方形的周长呢？"

这些问题促使学生从正方形 EFGH 和长方形 ABCD 之间的关系入手分析。正方形 EFGH 的四条边 EF、FG、GH、HE 的长度相等而且不变，但是，AE、CG 的长度无法确定。而且随着正方形在长方形内左右移动，它们的长度还会变化。变量的出现对学生来说是一个挑战。既然用公式不能解决这个问题，现在就要"读图"，读出图中图形之间的关系。

在探究"长方形周长跟这个正方形有什么关系?"时,学生发现长方形的宽和正方形的边长相等,即 $AB=FG$,$CD=EH$。

在思考"AE、CG 的长度是多少?正方形的边长是多少?不知道它们的长度该如何求长方形的周长呢?"这几个问题时,学生不得不考虑图中没有标出长度的几条线段与知道长度的几条线段之间的关系。思考进一步深化:不管 AE 和 CG 有多长,$AE=BF$,又因为 $AB=FG$,所以 $AE+AB=BF+FG$,即 $AE+AB=10$ 厘米。同理,$CD+CG=6$ 厘米。由此得出长方形的周长等于(6+10)×2=24(厘米)。

当学生从"利用公式解决问题"变换到"通过分析图形之间的关系来解决问题"的角度后,学生不断地发现问题、提出问题,从表面看来没有关系的信息中寻找到某些联系,并把这些联系提炼出来,思维不断深化的同时增强了"多角度分析问题"的意识。

总之,设计开放性、挑战性的问题,有利于发展学生的创新意识,有利于学生用联系的观点看待问题,在创新和建立联系的过程中有利于发展学生多角度分析问题的能力。

40. 如何帮助学生提高计算的正确性？

为了提高学生计算的正确性，教师们经常会说："差之毫厘，谬以千里！"同时还要穿插一些让学生能够引以为戒的故事。其实，计算如此，计算正确性的培养亦然。当教师们谈到"如何帮助学生提高计算的正确性"时，许多人的回答都是"练"。真的这么简单吗？

计算教学中，我们经常会发现学生往往在教师觉得他们已经掌握的知识点上出现错误。比如，学生在三年级下学期学习了两位数乘两位数的计算（如图1）。在四年级上学期学习三位数乘两位数时，教师会认为无非就是将两位数变成了三位数，其他方法都不变，进行一下知识迁移就行了。但是，在教学图2例题时，仍会出现图3中的错误。由此可见，提高计算的正确性岂是一个"练"字了得？

$$\begin{array}{r} 45 \\ \times\ 12 \\ \hline 90 \\ 45\ \ \\ \hline 540 \end{array}$$

图1

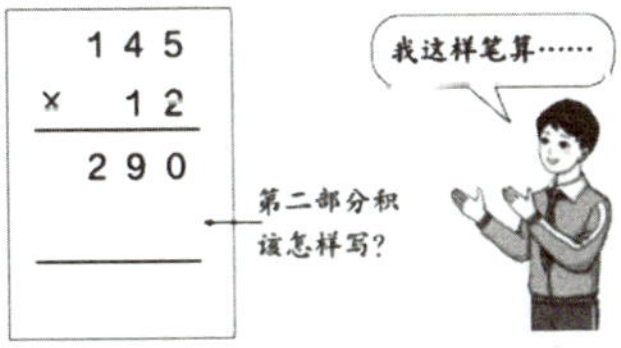

$$\begin{array}{r} 145 \\ \times\ 12 \\ \hline 290 \end{array}$$

我这样笔算……

第二部分积该怎样写？

图2　人教版三下47页例1

$$\begin{array}{r} 145 \\ \times\ 12 \\ \hline 290 \\ 145\ \ \\ \hline 435 \end{array}$$

图3

这个例子说明对算理的理解绝不可一带而过。所以教学中不妨安排这样的活动：

活动一：

1. 计算：

$$\begin{array}{r} 45 \\ \times\ 12 \\ \hline \end{array}$$

2. 请你说明计算过程中每一步的含义。

活动二：

1. 计算：

$$\begin{array}{r} 145 \\ \times\ \ 12 \\ \hline \end{array}$$

2. 请你说明计算过程中每一步的含义。

通过活动一，学生明确了用 2×45 得到了 90 个一，用 1×45 得到了 45 个十，乘积的末尾要和十位对齐。在写一写、说一说的过程中，学生已有的知识经验和思维经验被唤醒，并迁移到活动二中，2×145 得到的是多少个一，1×145 得到的应该是多少个十，乘积的个位应该和十位对齐。刚刚接触新的内容时，有必要放慢速度，让每一个学生明确算理。

此外，加强对比沟通，掌握算法也不容忽视。

在图 4 中，教师们可以看到学生在犹豫：十分位上应该商 5 还是应该商 0 呢？

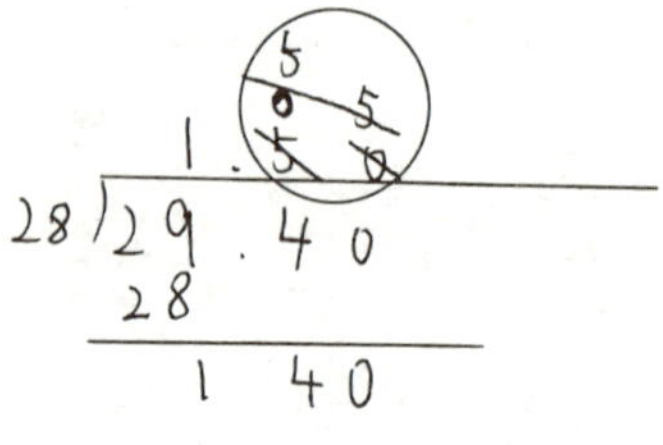

图4

小数除法中的"0"，教材是通过（如下 4 幅图）几个例题和练习呈现的，在孩子的脑海中今天学一个，明天认识一个，什么"商0""添0""补0"，的确感觉凌乱。

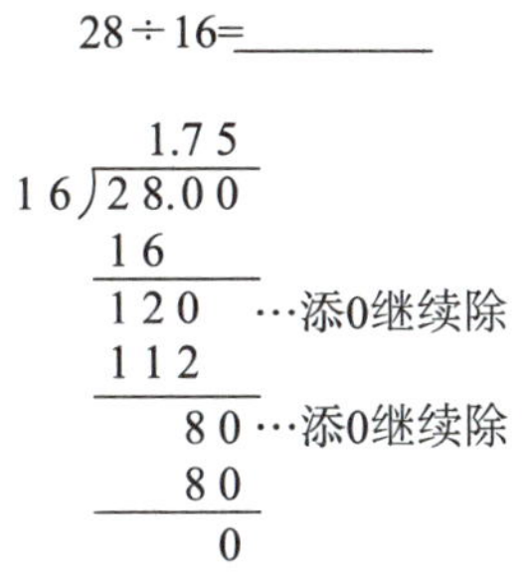

$28 \div 16 = \underline{\qquad}$

$$
\begin{array}{r}
1.7\,5 \\
16\,\overline{\smash)28.00} \\
\underline{16} \\
12\,0 \quad\cdots添0继续除 \\
\underline{11\,2} \\
8\,0 \quad\cdots添0继续除 \\
\underline{8\,0} \\
0
\end{array}
$$

图5　人教版五上《小数除法》例2

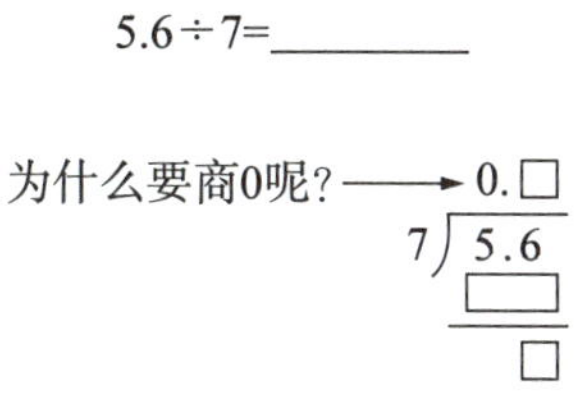

$5.6 \div 7 = \underline{\qquad}$

为什么要商0呢? ⟶ 0.□

$$
\begin{array}{r}
7\,\overline{\smash)5.6} \\
\overline{} \\
\overline{□}
\end{array}
$$

图6　人教版五上《小数除法》例3

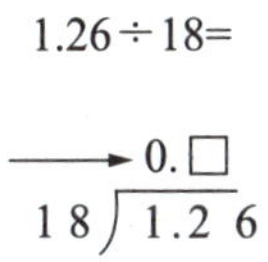

$1.26 \div 18 =$

⟶ 0.□

$$18\,\overline{\smash)1.2\,6}$$

图7　人教版五上26页练习（有改动）

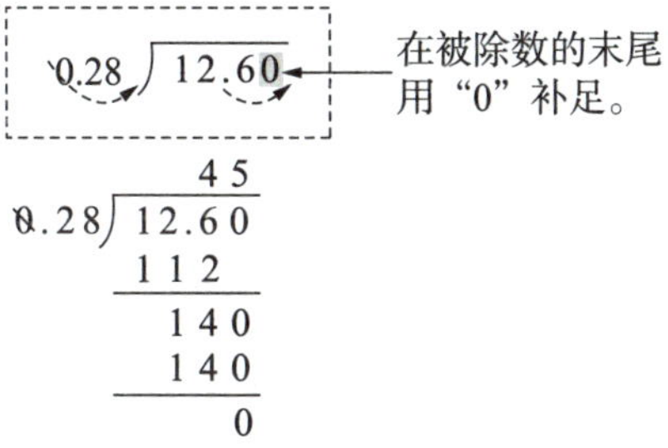

$$\boxed{0.28\,\overline{\smash)12.60}} \longleftarrow 在被除数的末尾用"0"补足。$$

$$
\begin{array}{r}
4\,5 \\
0.28\,\overline{\smash)12.60} \\
\underline{11\,2} \\
14\,0 \\
\underline{14\,0} \\
0
\end{array}
$$

图8　人教版五上《小数除法》例5

俄国著名教育家乌申斯基说："比较是一切理解和思维的基础，我们正是通过比较来了解世界上的一切。"当几个例题讲完之后，教师们不妨将几种情况进行对照，"0"的作用就一目了然。

接下来就要进行有针对性的练习了。

其一，积累素材，个性练习。

计算练习通常是教师出几道题，或直接用书上的题目来完成，形式单一，缺乏自主性和创造性。然而，世界上没有两片完全相同的树叶，学生亦是如此。如果说练习是提高计算正确性不可缺少的一环，教师们能不能将计算练习设计得个性化一些呢？教学中有些教师尝试让学生积累自己平时计算中值得积累的错例，然后让学生以"实名制"的方式设计练习，同

第三辑・如何选择教学方式

169

时还要说明这个素材的价值。

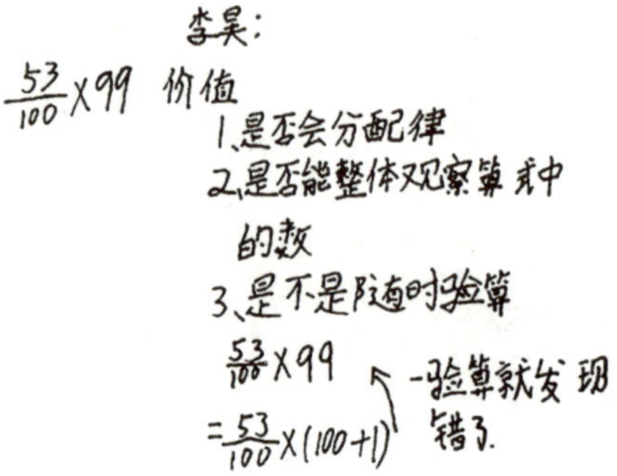

图9

从上图的学生作品中可以看到，学生留心自己计算中的错例，并把它作为资源留下来，在说明这个错例的价值的时候，教师们可以看到学生能够比较全面地进行分析，经历这样的过程，学生个性化的错误能够很好地避免。

其二，重视估算，形成习惯。

从计算教学的例题中，教师们看到有些例题先要求估一估，教学中却发现有些教师把这一环节省略掉了。实际上，这样做可以确定准确值的范围，大大提高了计算的正确性。比如将图3中的 145×12 估成 $145 \times 10 = 1450$，从而知道乘积应该比 1450 大一些，确定 435 肯定不对，这时学生就会主动诊断哪里出了问题。经过培养，学生感觉到估算灵活、省事、实用。教师重视估算，学生就会形成习惯。

提高小学生的计算能力是一项长期而又细致的工作。教师在教学过程中要研究教材，重视算理，明确算法，并根据学生的年龄特点，善用各种有效的教学手段和方法，一定能够达到提高计算正确性的目的。

41. 数学课如何吸引学生的注意力？

在日常教学中，教师们经常会遇到个别学生在课堂上走神、开小差的情况，为什么会出现这种情况呢？其实从年龄特点和心理发展来看，小学生以无意注意为主导，有意注意正在随着年龄逐步发展，这导致小学生的注意往往是不稳定、不持久的。而数学学科又是抽象和理性的学科，这就要求教师在实际教学中要利用好学生注意的规律，提高教学效果。

小学阶段儿童的注意力逐步从无意注意向有意注意过渡。

无意注意是注意的一种，指没有预先目的，无需自身作意志努力，不由自主地对某些事物发生的注意，主要是由周围环境的变化和自身的需要、兴趣所引起的。它表现为在某些刺激物的直接影响下，人就不由自主地把感官朝向这个刺激物，以求了解它。比如，学生对新来的数学老师感兴趣，观察新来的老师的言行举止，此种注意力属于无意注意。

在教学实践中，教师可以通过动作、语言、教具的使用和板书的设计，创设学生感兴趣的问题情境，引起学生的无意注意。

在动作上，教师可以做一些较为夸张的动作，或者将教学中抽象的东西用肢体动作表现出来。例如，教师可以用食指和中指表示数学符号"<"和">"，吸引学生的注意力。

在语言上，教师教学时提问力求新颖，语言要风趣幽默，并适时地对学生进行鼓励，语调不可一直平淡，要有起伏高低，抑扬顿挫，还可以适当加大音量，甚至适当停顿，引起学生的无意注意。

在教具的使用和板书的设计上，教具大小的对应，板书颜色的搭配，都易引起学生的无意注意，加深学生的印象。

在创设学生感兴趣的问题情境上，事实证明"兴趣是最好的老师"，凡是学生感兴趣的东西都容易被注意。教学要考虑学生的心理发展特点和学生的生活实际，激发学生解决问题的欲望，提高学生的兴趣，引起学生的无意注意。例如，教学"11到20各数的认识"时，可以利用学生感兴趣的绘本故事《古人计数》引入。

当学生对教师授课的知识产生无意注意时，教师需要进一步将学生的无意注意转化成有意注意，提高学生的注意力水平。

有意注意区别于无意注意，是一种有预定目的，需要付出一定意志努力的注意，也叫随意注意。例如，学生数学考试的时候只有集中注意力才能理解并解答题目，此种注意力是有意注意。有意注意可以使学生的注意力集中在提前预设的目标上，认真听讲、主动思考、提出疑问，探究、寻找解决问题。在实际教学过程中培养学生的有意注意是教学成功的前提条件。

关于有意注意的提升，需要教师在课堂教学中合理安排教学过程、创设生动有趣的教学内容、充分利用现代化教学手段，激发学生兴趣，调动学生积极性，使学生集中并延长注意力，引发自身的数学思考，促使学习行为更有效。

与生活实际结合，教师如果精心设计学习活动，使学生全程参与，学生的学习注意力则会始终沉浸在活动之中。以《滴水实验》为例，课程内容分为层层递进的五部分，如下图所示：

观察水滴现象，提出问题，明确任务	提出任务

↓

研讨实验思路与步骤，形成实验方案	设计方案

↓

组内分工，动手实验，收集数据，计算并得出结论	动手实验

↓

分享实验结果，借助生活经验完成数据描述，反思浪费现象	交流反思

↓

进行评价，反思过程，提升改进	自我评价

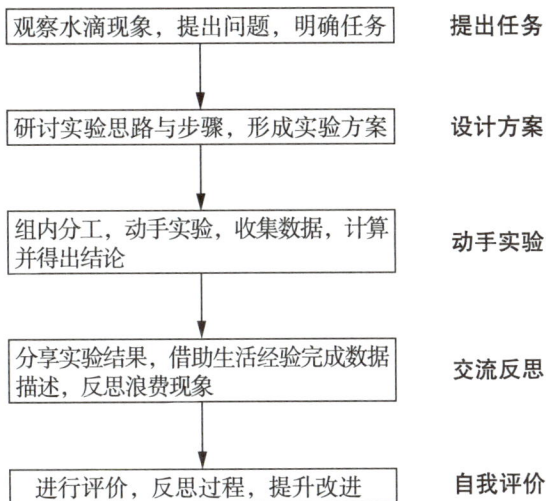

此节实践活动课从问题的选择、问题的展开、学生的参与方式、学生的合作交流、评价等多角度吸引了学生。"讨论、实践、反思、比较、交流"环节中，学生经历了"从头到尾"思考问题的数学活动经验，收获了知识、能力、思考，实现了"铃声响，曲未断，兴趣犹存"的教学效果。

数学家哈尔莫斯曾说过："数学的真正组成部分是问题和解，问题是数学的心脏。"好的数学问题是激发学生积极思考、掌握知识点、培养能力的重要手段。通过层层深入的追问，可以打开学生的思路，启发学生的思维，发展学生的能力，不知不觉引起学生的有意注意，从而使学生全程参与到学习当中。

在教学过程中除了注重注意力的培养，教师还要注意排除外界干扰，避免学生分散注意力。例如，教学课件制作不要过于花哨；教室中不要摆放或悬挂一些新奇的、颜色鲜艳的与教学无关的物品；上课之前要把上节课的物品，如美术课留下来的剪纸、彩笔等收起来。因为小学生很容易被与课堂内容无关的东西吸引。如果学生学习时不能集中注意于知识点，那么教学的效果就会大大受到影响。因此，教师既要想办法保证学生有意注意的时间，又要防止无关因素的影响。

　　总之，学生保持良好的注意力，是构建有效的数学课堂，并保证有效学习的基础。教师要巧妙合理地设计科学、有趣的教学方式，引发学生的无意注意，并且有意识地进一步将其转化成有意注意，从而提高学生的注意力水平。此外，还需要注意排除各种干扰，避免学生的注意力分散。这些都是集中学生注意力的好方法。

42. 问题解决教学的关键是什么？

张奠宙先生在受访中提到："所谓问题解决，专指解决非常规问题。在学生已有的认知水平上，学生不能够利用现成的数学问题求解模式解决问题，而是需要通过学生独立思考，自己探索来获得解决问题的途径与方法。问题解决的过程是具有一定创新意义的数学思维过程，是学生创造性地解决问题的过程。"

一般来说，问题解决教学模式主要包括以下环节：创设情境，发现问题，提出问题；自主探究，分析问题；寻找方法，解决问题；实际应用，深化问题。

对于教师而言，问题解决教学中，创设一个好的问题情境或许是非常重要的一件事情，因为好的情境才会有利于学生发现问题、提出问题。数学是问题驱动的，美国数学家哈尔莫斯认为"问题是数学的心脏"，数学问题的产生也离不开具体的情境。那么，一个好的问题情境需要具备哪些要素呢？

首先，一个好的问题情境，要求浅显易懂，要引人入胜，能激起学生思考和探究的欲望，即有利于发现问题、提出问题。

其次，问题要体现数学本质，具有数学价值，能够启发学生进行深度的数学思考。

最后，好的问题情境，还要能够评价，分出数学思维的层次和水平。

如人教版六年级上册《比的意义》一课，教师精心设计了"选美比赛"的情境，引发学生思考和探究。

出示图片：

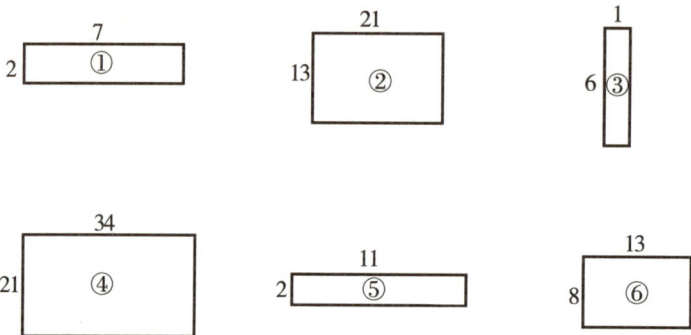

师：这节课我们先进行一个"选美比赛"。今天教师设计6个规格不同的长方形，你觉得哪个长方形看起来最美观、最舒服呢？

师：在这些长方形中，大多数同学觉得2号、4号、6号这几个长方形更美。

生：为什么多数同学都选择这3个长方形呢？

师：是啊，这样选择你们是怎么想的？

生：我选择2号、4号、6号这三个长方形，是因为它们的长和宽都比较接近，比较协调。

生：我选择这三个长方形，是因为它们都比较匀称。

生：我没选这三个长方形，选的是1、3、5号长方形，我选它们是因为它们比较瘦。

师：无论选择哪个长方形，大家都提到了长和宽。这些图形的背后到底藏着怎样的秘密呢？请你们先独立思考，然后以小组为单位一起来研究。为了便于大家研究，老师为大家提供了每个长方形长和宽的数据。

再如数学实践活动《打电话》一课，教师把北京雾霾放假的"真情境"作为问题情境。

师：去年12月8日，北京雾霾重度污染，北京发布红色预警。我们来看看当时的媒体报道（播放新闻视频）。你还记得这件事吗？当你接到这个雾霾放假的通知时是什么感受？

生：我高兴，因为不用上学了。

生：我不高兴，因为空气不好，有的人都得病了。

师：嗯，和你们一样，王老师也是既高兴又不高兴。这里有个细节——这个通知是傍晚发布的，那时候所有同学都已经放学在家了。凭你的经验帮王老师想一想，学校都可以用哪些方式去发布这个通知？

生：发邮件。

生：打电话。

生：用电视发布。

师：说得好！网络、电话、电视……都是可用的方式。今天这节课不说别的，单说打电话。面对打电话通知所有同学这件事，从数学的角度你能提出什么问题吗？

生：我们学校有5005人，要是用打电话的方式去通知，得多长时间呀？

生：打电话通知这么多人得花多少电话费呀？

师：假如有一天，学校让王老师把一个事儿尽快通知给全校5005人，如果每分钟通知1人，怎样通知，需要多长时间呢？这就是我们这节课要研究的问题。

以上两节课创设的问题情境，都具有这样共同的特点：语言通俗易懂，内容生动有趣，特别重要的是在问题情境背后暗含着黄金比、优化等数学本质，有利于培养学生发现问题、提出问题的意识和能力。同时我们还可以通过学生的思考过程，评价他们的解题水平。因此，这就是好的问题情境。

说到好的问题情境，不得不提一位数学家——弗赖登塔尔，他有一个经典的问题情境更是极具代表性："昨夜外星人访问我校，留下了一个巨大的手印。今夜他还要来，试问：我们给他坐的椅子应该有多高？他用的新铅笔应该要多长？"

教师创设问题情境的能力，是问题解决教学的关键。目前，教科书上呈现的问题并非都好。一个优秀的教师，需要有自己的情境积累，并随时加以更新和改编。比如，近年来我国科技发展迅猛，"嫦娥"上天，"蛟龙"入海，尤其是在"互联网+"背景下，出现了许多有意义的大数据，对于"认识大数"的教学就很有帮助。这样现实的大数据，远比"一万粒米有多少"之类的无意义问题，要更有价值。

需要注意的是，"问题解决"并非仅仅提高学生解决问题的能力，同时我们还应当更加重视帮助学生学会数学地思维。这也就如舍费尔德所指出的："现在让我回到'问题解决'这一论题。尽管我在1985年出版的书用了《数学解题》这样一个名称，但我现在认识到这一名称的选用不很恰当。我所考虑的是，单纯的问题解决的思想过于狭窄了。我所希望的并不仅仅是教会我的学生解决问题——特别是由别人提出的问题，而是帮助他们学会数学地思维。"

43. 说起小数，学生就想到钱，教师该怎么办?

"0.9、0.89、3.2 这些小数怎么读?" 学生说 "读作零点九元，读作零点八九元，读作三点二元"。 提问 "0.9、0.89 和 3.2 分别表示什么"，学生答 "0.9 表示九角，0.89 表示八角九分，3.2 表示三元两角"。 学生整齐划一的回答，令人困惑，为何学生见到小数就想当然地认为小数后面一定背着 "元" 这个单位? 而对小数的表示意义，学生只停留在以 "元、角、分" 为单位的理解，而将 0.9 元换为 0.9 米时，大部分学生无法理解 "0.9 米表示 9 分米"。再换成 0.9 升，学生一脸茫然，全然不理解这个数了。

教学中出现了问题，还得从教材寻找问题的根源。北师大版三年级上册的《认识小数》，前四个课时主要以学生熟悉的元、角、分等货币单位为背景展开教学，涉及的篇幅很大。学生在 "元、角、分" 的背景中认识小数，学习小数的读写，借助 "元、角、分" 比较小数的大小，进行小数加减运算，他们自然而然地认为小数后面的单位只能是 "元"，而没有分数的基础，很难理解去掉单位后这些小数是什么意思，还可以用在哪里。

翻看人教版和苏教版的教材编排，《分数的初步认识》是安排在三年级上册的课本中，而《小数的初步认识》则安排在三年级下册。小数是十进制的分数，有了分数的知识储备，教学中把分数知识迁移到小数的学习中，沟通了分数和小数的关系，学生能更深刻地体会小数的意义。而北师大版教材的编排是考虑学生已有的生活经验，由简到繁，先认识小数再认识分数。但这样的安排是否有利于知识模块的有机联系呢？究竟分数和小数先认识哪一个更利于学生理解呢？

孙晓天教授说，从数系扩充角度看，分数和小数都是整数向有理数的扩充。实际上，分数和小数是一回事，是一个数的不同形式，所以先学习哪个并无绝对。而且在超市买东西，学生经常见到价格的标签、重量的称量等，积累了足够的生活经验，分数在生活中较少见，缺少形象的生活背景支撑教学，学生单靠理解和感悟，学习难度非常大；另外，分数可以表示出整体和部分的关系，具有其他数没有的意义，而小数只是一种简便的记数形式，某种意义上可以被取缔。先从简单的小数学起，确实更符合孩子的认知规律。

如何恰当地运用学生已有的经验，同时打破"一说到小数，就想到钱"的思维定势呢？一位教师是这样引入小数教学的：

师：咱们生活中随处可见小数，谁能来举个例子？

生：买一支铅笔要 0.9 元。

生：一把尺子长 20 厘米。

生：零食的重量是 0.5 千克。

师：除了这些，还有吗？例如量体温……

生：量体温时，体温计上有 37.5℃。

生：一包糖重 1 千克。

生：量身高时，我的身高是 1.41 米。

生：自动铅笔的笔芯是 0.7mm。

……

师：刚刚同学们举了很多例子，其实，像 0.9、0.5、37.5、0.7……这样的数才是小数，而 20、1……这些都是整数，这节课我们就一起来研究到底什么是"小数"。

（出示图片：我的体温是 37.5℃；笔记本的价格是 7.5 元；50 米短跑我用了 7.89 秒；一瓶饮料是 0.5 升；小明的体重是 25.3 千克；我的身高是 1.41 米。）

教师从一开始就打开学生的思维，不受限于教材中单一的"元、角、分"情境，通过学生分享小数，教师再呈现小数，不断丰富小数的生活素材，让学生多方面了解生活中的小数，积累更多有关小数的感性认识。在多样的素材中，抽象出小数，指导小数的读法和写法。师生共同丰富了小数的"外衣"，自然而然地纠正了学生的片面认识。

缺少分数的知识作迁移，学生怎样在理解"0.1 元 =1 角"的基础上，突破到"0.1 米 =1 分米"的认识呢？ 而且在三年级上学期认识小数和分数的学习中，教材没有沟通分数和小数两者的内在联系，所以在三年级下学期认识完分数后，一位教师巧妙地设计教学内容，适当安插小数初步认识的二次轮回：

师：把一元平均分成 10 份，每份是多少？

生：1 角。

师：这 1 角如果用"元"来作单位，可以用哪个分数来表示？

生：$\frac{1}{10}$元，因为 1 元平均分成 10 份，其中的一份就是 $\frac{1}{10}$元。

师：说得真完整！ 1 角就是 $\frac{1}{10}$元，想想上学期 1 角还可以怎么表示呢？

生：（思考）用小数表示，0.1 元。

（呈现：1 角 = $\frac{1}{10}$元 =0.1 元）

师：看，如果把 1 角平均分成 10 份，每一份可以用 $\frac{1}{10}$角来表示。

$\frac{1}{10}$角是多少钱？

生：1 角 =10 分，所以 $\frac{1}{10}$ 角就是 1 分。

师：1 分可以用小数怎么表示？

生：1 分还可以表示为 0.1 角。

（呈现：1 分 = $\frac{1}{10}$ 角 =0.1 角 ）

师：你能说说 0.1 米、0.1 分米又分别表示什么吗？

　　小数的出现标志着十进制计数法从整数（自然数）扩展到了分数，是分数与整数在形式上获得了统一。所以在教学中沟通好小数和分数的关系十分重要。在学生对分数的学习仍保"余温"时，教师适时穿插分数和小数的知识，沟通两者之间的关系，不仅唤起学生的知识记忆，为四年级继续学习小数奠定基础；而且整数、分数和小数的关系构图也清晰地印刻在学生的脑海中，学生逐渐体会到分数和小数是同一个对象的不同表示形式，逐步理解"小数是十进制的分数"，弥补了教材上的不足。

44. 学生画高错漏百出，如何突破教学难点？

高，是数学"图形与几何"领域的一个重要概念。在教学时，当图形以常规形状出现时，学生勉强能照猫画虎地正确画出高，但如果将图形转换方向或指定非水平的边为底，学生画高便错漏百出（如图1）。为什么会出现这样的情况呢？教师在教学时，如何突破这一难点？

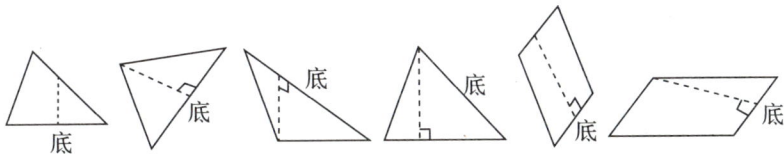

图1

高，是一个概念，概念本身就是对现实生活高度抽象与概括的结果，要理解概念，最关键的是从书本回归现实，沟通现实中的高与书本中的高之间的联系。学生对"高"并不陌生，生活中有大量的"高"。量身高，他们绝不会从肩膀量到脚底，都知道要从头顶开始"直直地"量到脚底；量物体的高度，他们也会保持垂直，不会量歪、量斜了，这就是学生有关"高"的生活经验。

然而，现实中的高与书本中的高却不完全相同。现实中存在的是物体的高，且物体大多被中规中矩地摆放着，书本中呈现的则是抽象图形的高，且图形很可能"东倒西歪"的。再者，现实中的"高"大多以地面为参照系，而书本中却常常以斜边为底要求学生作高，这些就成为了学生认识高、画高的障碍。

如何利用学生已有的现实经验帮助学生扫清抽象认知的障碍、突破教学难点呢？一位教师是这样引入的：

师：同学们，我们对"高"并不陌生。说到高，你想到了什么？

生：身高。

师：回顾量身高的经历，说说量身高量的是哪一段距离。

生：从头到脚。

生：从头顶到脚底。（教师再强调）

师：在生活中，你见过"限高"的标志（如图2）吗？限高指的是哪一段距离？这个梯形桥洞限高4.5米，指的是哪？（如图3，北师大版五年级上册教材图）请你画一画。

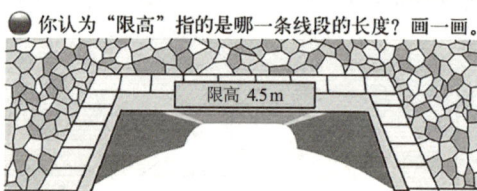

● 你认为"限高"指的是哪一条线段的长度？画一画。

限高 4.5 m

图2   图3

学生画这个梯形桥洞的高，通常随手从上画到下，这位教师选取错例（如图4）进行引导，强化了"垂直"的特征，并教学生认识梯形的上、下底。

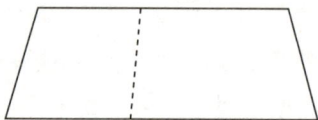

图4

师：大家都说"从上画到下"就是高。这位同学也是从上画到下，它是高吗？

生：不是。

师：为什么？

生：这条线（段）歪了（斜了）。

师：那说明高应该是——

生：跟下面垂直的。

紧接着，这位教师设计了"比比谁更高"的操作活动——学生将梯形纸片、平行四边形纸片放置在同一水平线上（可借助直尺），比比哪个图形高。大部分学生在操作的过程中出现了不同的结果。

生：我发现，有时候梯形比较高，有时候平行四边形比较高。请大家看看，当平行四边形这样放（如图5）的时候，梯形比较高。当平行四边形这样放（如图6）的时候，平行四边形比较高。

图5

图6

教师通过设计操作活动，给学生制造了认识冲突，激发了他们的探究欲望。看到学生呈现的资源，教师趁热打铁，让学生将平行四边形这两种情况下的高画出来。

师：观察梯形、平行四边形的底和高，它们有什么不同？

生：我发现，梯形有一种高，而平行四边形有两种。

师：为什么会出现这种差别呢？

生：梯形只有一组平行的边，而平行四边形有两组。

师：那我们在说这个图形有多高的时候，得先说清楚什么？

生：要说清楚以谁为底。

学生直观感受到：梯形只有一组平行的对边，对应一组高；平行四边形的四条边都可以作底，这两组平行的对边对应两组不同的高，高和底是互相对应的。因此，"比比谁更高"的结果不一定。

同样地，这位教师又设计了梯形与三角形比高的活动。有了刚才的经验，学生很快就发现，三角形的三条边都可以作为底，对应三条高（如图7）。

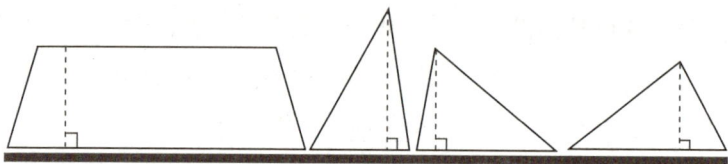

图7

最后，这位教师将三种图形的底和高一起呈现，让孩子们观察、对比，发现底和高之间永恒不变的垂直关系，再设计练习题，帮助孩子们从"在可操作的图片上画高"过渡到"在图形上画高"，突破教学难点。

回顾这节课的设计，这位教师在突破重难点部分花了大力气：

首先，教师善于利用学生已有的经验。她从生活中的"高"引入，唤起学生量身高的经验；再借助桥洞的限高情境，巧妙地将生活中的高迁移到数学中的高，实现了从具象到抽象的过渡，降低了理解难度。

其次，教师为学生设计活动，提供充分的思考和操作空间。她没有让学生纯粹"为学高而画高"，而是设计了"比比谁更高"的活动，让学生在活动中，人人经历了摆一摆、比一比的过程，也就经历了找高的过程。同时，这个活动还引发了冲突——为什么有时梯形高、有时平行四边形高？到底谁更高呢？原来，平行四边形的四条边都可以作底！这样直观的操作加深了学生对高的理解，再尝试画高便不难。

再者，教师善于顺应孩子的心理，不"强扭"。在画高时，学生倾向于把底边"平放"在自己面前，能画"中规中矩的高"，而画"歪歪斜斜的高"则容易错，这是学生的经验使然，无可厚非。对于这个难题，教师也不着急。她顺着孩子们的思维，一改往常在图形上画高的做法，而给学生提供图形纸片，让学生可以自由地选取底边，先学会正确画高。最后，在横向对比观察所有底和高时，抽离出底与高互相垂直的本质，强化学生的认识——不管以哪条边为底，高永远垂直于底，从而将画高的知识与学生已有的画垂线的知识勾连起来，突破难点。

其实，想要突破概念教学的难点，关键离不开现实的依托。教师要善于唤醒学生的生活经验，架起数学与生活、知识与经验之间的桥梁，为学生的学习铺路搭桥。

45. 如何处理好多样化与优化的关系?

"新课标"第一学段"教学建议"中明确指出:"由于学生生活背景和思考角度不同,所使用的方法必然是多样的,教师应尊重学生的想法,鼓励学生独立思考,提倡计算方法的多样化。"这已经被广大教师认同,但在日常教学中,教师往往又会遇到这样的情况:同一个问题,学生用不同的方法解答,面对算法多样化,教师是否应引导学生对多种算法进行优化? 如何优化呢?

案例: 人教版三年级下册《24时计时法——求经过时间》

课上,教师设计了学生感兴趣的情境,引导学生计算《喜羊羊与灰太狼之牛气冲天》这部片子播放的时间。请学生独立思考后,汇报想法。

师:14时25分到15时50分经过了1时25分,你是怎么知道的?

生1:我是看钟面数出来的。

师:你是怎么数的?

生1:从14时25分拨到15时25分,接着拨到15时50分,一共是1圈多25分,也就是1时25分。

师:谁和他的方法一样,是数出来的? 还有不同的方法吗?

生2：我也是数的，不是看钟面，而是数14时25分到15时25分，是1时（该生举起一个手指），再加上25分就是1时25分。

师：有多少同学是这样数出来的？

师：（故作惊讶）你们为什么不用数一数的方法？

生3：太麻烦了，如果算时间长一点儿的就容易数错！

生4：第一位同学的方法不好，太麻烦了。

生5：老师，我有一种方法又快又准。

师：哦？还有更好的方法，赶快说一说。

生5：可以用减法算，就是用结束的时间减去开始的时间就行了。

师：嗯！挺有想法的！你们听明白了吗？你能不能把想法写出来，让大家看明白？

生5：（上黑板边说边写）15时50分－14时25分＝1时25分，同学们可以当成竖式来算。

　　……

师：同学们都很爱动脑筋，想出了这么多方法，有的是看钟面拨一拨、数一数，有的是用手指数出来的，还有用减法算出来的。在这些方法中，你最欣赏哪种方法？跟你的伙伴说一说。（经了解，有较多的同学喜欢用减法来算，达到了优化的目的。）

教师紧接着让学生解决这样一道题：老师要从北京到上海出差，上午7:10高铁开动，中午12:40到，老师在高铁上多长时间？

师：请你用自己喜欢的方法算一算。

通过以上情境，学生自然而然感到拨一拨、数一数这些方法慢而繁琐，从而选择更好更快的方法。

算法多样化是学生在解决问题过程中经历的学习历程。教学中提倡算法多样化，能激发学生的学习兴趣，拓展学生的思维，培养他们从多角度、多方位去分析问题和解决问题的能力。但算法多样化不是教学的最终目标，出现不同的算法，教师应引导学生学会比较、反思和完善算法，从而实现对多样化的"优化"。优化算法是学生思维水平发展与提升的重要过程。

教师应如何处理好多样化与优化的关系呢？首先，创设条件，让学生充分表达自己的想法。教师应组织学生主动参与探究活动，鼓励学生积极地思考问题，并经历独立思考的过程，提出自己的不同想法。其次，引导分析，在比较中明晰异同。在出现多种算法后，不要忙于取舍，而是要让学生经历比较不同方法的过程，对思路相同的方法进行适时的归类。再次，区分不同，引导学生在多种方法中择优。经历了对算法多样化的建构和对相同方法的归类后，教师要进一步引导学生区分每类方法的异同，"比较"是优化的基础，在比较中区分优劣，从而作出合理的判断与价值评判，提取大家共同认可的、具有普遍意义的方法。最后，巧妙引领，在解决问题中强化学生的认识。对师生共同认可的方法，教师要有意识地通过解决问题来强化学生的认识。在组织学生解决问题的过程中，使其不断体验方法的优越性。当然，优化的主体是学生，教师要尊重学生的想法，要把选择判断的主动权交给学生，优化的过程是学生自我修正、自我完善的过程，学生在经历中体悟出属于自己的最佳方法。但这并不意味着教师失去对学生思维的引导作用，反而需要引导得更加巧妙。

总之，教学中鼓励学生算法多样化是"新课标"提倡的理念，目的是发散学生的思维，让学生经历数学学习的过程。在体现这一过程时，教师要正确处理好算法多样化和优化的关系，既要鼓励学生使算法多样化，也有责任帮助学生整理思路，尽可能让学生修正和完善自己的思维，达到优化算法的目的。

46. 如何合理地利用学生的生成?

今天的数学课堂，教师不再以"主角"自居，而是更多地把课堂的空间、时间交给真正的主人——学生。教师努力为学生创设一种"多向互动，动态生成"的灵动课堂。这也是"新课标"所倡导的——"有效的教学活动是学生学与教师教的统一，学生是学习的主体，教师是学习的组织者、引导者与合作者"。这样的课堂是开放的，也是充满挑战的。如何合理地利用生成，成为每个教师必须面对的问题。

对于如何合理地利用生成，很多教师在实际教学中都有自己很好的经验。下面就结合实际教学中的案例来谈一谈。

在课堂上，总会出现这样的情况，对于即将学习的内容有些孩子可能在课前已经有所了解，甚至达到了理解掌握的程度。面对这种情况，教师该如何展开教学，对学生这种"越位"的生成，教师又该怎样面对呢?

案例1：人教版一年级上册《认识0》教学片段

在学生理解0表示没有的含义的基础上，教师出示尺子。

师：刚才有的同学说尺子上有0，0在哪呢?

生：0在1前面。

师：0为什么在1前面？

生：因为0比1小。

师：0只比1小吗？

生：所有的数都比0大。

生：我不同意你的想法，不是所有的数都比0大，负数就比0小。

师：你还知道负数，真了不起。还有谁知道负数？

几个小朋友高高举起了小手。

师：原来啊，在0的前面也有数，那些数叫负数，它们个个都比0小。

在这个案例中，学生说出"所有的数都比0大"时，就学生当时已有的知识背景（10以内数的认识）来说，是正确的。但放到更大的数域中来看显然是片面的、错误的。课上，不同知识背景的孩子们在互动交流中，明确了0后面的数都比0大，在0前面原来也有数，叫负数，负数比0小。教师面对学生的"越位"生成，能够做到尊重学生的已有认知，给予学生课堂对话的权利和自由。在此基础上，教师用简单易懂的语言帮助学生形成对于数的比较完整的认识。此时，理解不理解负数并不重要，重要的是在学生幼小认知系统中形成最初的正确认识。

由此可见，合理利用学生的生成，首先要直面生成，不逃避，巧妙地顺应学生的生成，将其思维引向深入。

在开放的课堂中，还会有这样的情况：对于同一问题，学生会结合自己的原有认知经验，从不同的角度进行思考，甚至完全跳出教师的预设。对于这样的生成，教师又该如何面对？

案例2：北京版三年级下册《同分母分数加、减法》教学片段

课上，当多数学生能正确列出算式，能正确计算（分母不变，分子相加）时，一个男生"欻"地举起了手，说："我想问，为什么这样算呢？为什么不是分母加分母，分子加分子？不公平！"教师肯定了这个学生，说："真是个好问题，为什么这样算呢？同学们，你们能不能用图表示出你们的想法呢？"学生高兴地画开了。

汇报交流时，教师首先呈现出两位学生的作品（图1）。从中可以看出学生对于分数 $\frac{2}{7}$、$\frac{3}{7}$ 的理解是准确的，也可以看出学生对于单位"1"的理解是正确的（用同样大小的面、同样长短的线段表示同一个单位"1"）。在学生展示的过程中，每个孩子获得了对分数的理解，对单位"1"的理解。由"面"到"线段"也可以看作学生逐步抽象的过程。

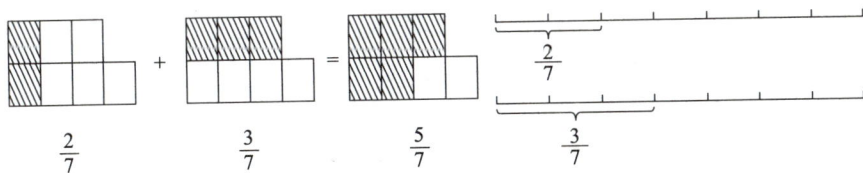

图1

接着，教师呈现了生1的错例（图2）。显然，生1已经意识到，可以把田径队和合唱团在同一条线段上表示。生1这样讲解自己的图："这条线段表示全班人数（边指边说）。把全班人数平均分成7份，其

中 2 份是田径队的人数。这 3 份是合唱团的人数。"

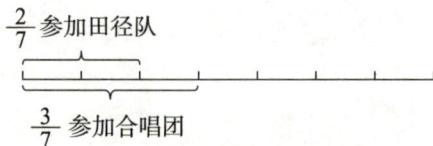

$\frac{2}{7}$ 参加田径队

$\frac{3}{7}$ 参加合唱团

图2

马上，生 2 举手质疑："田径队的人数怎么在合唱团里？"

生 1 自信地回答："你看，（边指边说）田径队是田径队，合唱团是合唱团。"

生 2 质疑："那你为什么画在一起呀？（急着上来指图）怎么合唱团的 3 份里，有 2 份也参加了田径队呢？"

生 1 恍然大悟，不好意思地说："我明白了，应该分开画。"

教师顺势引出以下学生的作品（图 3），问："这样画行不行？"

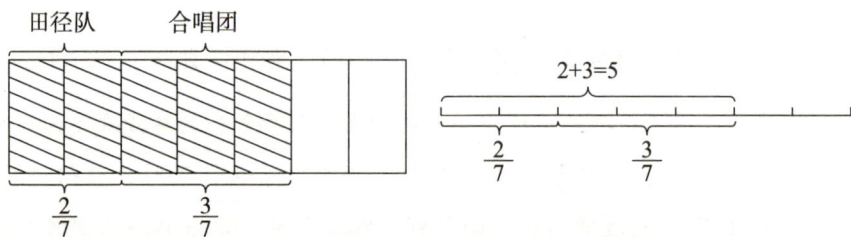

田径队　　合唱团

$\frac{2}{7}$　$\frac{3}{7}$

2+3=5

$\frac{2}{7}$　$\frac{3}{7}$

图3

学生通过比较，获得了在同一个单位"1"中去表示 $\frac{2}{7}$、$\frac{3}{7}$ 的经验，为理解算理作准备——"为什么分母不变，分子相加呢？"

通过图与算式的勾连，学生体会总份数 7 份还是 7 份，2 份和 3 份合起来就是 5 份。理解了同分母分数加减法计算时，分母不变，是因为总份数不变，所以只需要将分子相加。在此基础上，继续挖掘计算的本质，2 个 $\frac{1}{7}$ 和 3 个 $\frac{1}{7}$ 合起来就是 5 个 $\frac{1}{7}$，也就是 $\frac{5}{7}$，即计数单位的个数相加。

课近尾声，提出"为什么这样算"的男生又一次"欻"地站起来，不禁感叹："这样算，真公平！"

这节课上，面对学生的生成，教师为学生的生成搭设了一个平台，鼓励学生画出自己的理解。学生在交流作品的过程中，智慧的火花不断闪烁，在思维的碰撞中，加深了对分数意义的理解，并自主获得了对同分母分数加减法算理的透彻理解。让学生在旧知和新知之间建立联系，激发了学生的思维，澄清了错误，实现了有效教学。

由此可见，面对学生的生成，教师要能准确把握其本质，围绕一节课的核心知识，打通"生成"之间本质的联系，让"生成"殊途同归。

除了以上两种策略，教师顺应学生的认知规律，设计好的问题情境也是很重要的。教师还应树立发展的观念，不要把学生的思维局限在教材和教师预设中，要通过提问和引导，让"意外"成为激发和培养学生创造力的起点，让有价值的生成助力学生的数学学习。

47. 如何提高小组合作的实效性?

随着合作意识的强化,在许多数学课堂上,以小组合作为主的课堂模式应运而生,教师们对合作的重要性也日趋认同。但同时很多教师产生了一系列新的困惑:小组合作仅仅是一种形式吗?是不是课堂上精心设计一个问题,让四个学生围绕问题展开讨论就是小组合作呢?它的有效性又如何保障?……很多教师带着这样的疑问走进了数学课堂。

案例:北京版六年级上册《圆的周长》

一位教师在讲授北京版六年级上册《圆的周长》一课时,针对"圆的周长与什么有关系"这一问题让学生开展小组合作。教师抛出问题后,学生就迫不及待地开始了讨论,气氛异常热闹。但是当我们真正参与到学生的小组讨论中去时,发现学生的表现各不相同,有的小组,其中的优等生包揽着所有的任务,其他人则无动于衷,充当看客;而有的组成员互相推诿:你让他先说,他让她先说,并没有陈述有关学习的内容或见解,表达自己的想法;有的小组在不断分工:你先摆,他来写……几分钟过去了,还没有确定谁来发言,谁做记录,没有开展有实质意义的学习;甚至还有的小组干脆将讨论的内容弃之一旁,或坐着等待别人的成果,或趁此热闹的场景聊起了"题"

外话……

这一现象揭示了我们现在很多数学课堂上小组合作的通病，即重形式轻实效。而这也势必会带来一系列的反面效应，比如：小组成员没有明确的问题意识，就会影响问题解决的时效及成果；责任分工不明确，就会导致在一定程度上加速两极分化；教师只关心小组的学习结果，不关注小组的学习过程和个体的学习情况，时间久了会使小组合作学习流于形式，阻碍学生的可持续发展。

因此，对于小组合作的有效性指导并不能仅仅停留在教师对问题的精心设计上，其根本在于从前期的小组建设做起，通过对小组成员的科学分工，到活动过程的跟踪指导，最后形成科学完善的机制来全面促进小组合作的有效性。

那么如何完善小组建设、促进合作的有效性呢？以下是一些实际操作中的建议，供教师们参考。

其一，优化小组的构成与分工。

1.构成。开展合作学习，首先应合理地划分好学习小组，合作学习一般采用异质分组，依据学业水平、能力倾向、个性特征、性别乃至社会家庭背景等方面的差异，将全班学生组成若干个组内异质、组间同质的学习小组。

例如根据学生的考试成绩进行初步划分，然后根据学生的性别、性格、学科优势等进行微调。比如，40人的班级要分10个小组，根据班内名次采用S型组合，1—10名为1号组长，11—20名为2号组员，21—30为3号组员，31—40为4号组员。在组内座位安排上，1号与4号同位，2号和3号同位，结成一帮一学习小伙伴。

小组组建需要每个班主任和学科老师协调进行，同时要根据本班的具体情况进行个性化建设，要避免重形式轻内涵，重优生轻"差"生，重引导轻自主。

2.分工。组长：负责组织、分工、评价；发言员：首先发言、维护纪律、噪音控制；记录员：记录发言及其他组的反馈意见、控制多媒体操作；技术员：进行发言补充，提供不同方法，

其二，完善小组活动模式及话语体系。

我们可以帮助学生建立小组内的活动模式，如在交流环节，可以引导学生轮流陈述，完成以下内容：答案界定，陈述理由，整理方法，展示准备。

例如，小组在尝试解决《平行四边形面积》的推导方法时，组长首先在组内明确要解决的问题，让每个同学动手试一试，再轮流说明自己解决的办法，记录员记录不同方法，技术员及时补充，然后组长负责汇总几种解决方法，发言员准备发言。

在交流时，可以帮助学生建立组间汇报的话语模式，如：1号阐述观点。2号进行补充。3号："哪位同学对我们的发言还有什么问题和建议？哪位同学没有看懂我的方法？有什么疑问吗？"4号："请大家对我们的发言进行评价。"

在组间分享时，可以帮助学生形成交流分享的话语体系。如互动话语系统："我有表扬；我有质疑；我有建议；我有补充；我有拓展；我有发现；我有变化"等。评价时的话语系统如："我觉得他们组合作特别好，每个人都能参与进来，能够互相补充""我认为他们组的发言很有条理，声音也很洪亮，对问题的研究也很深入"等。

其三，提供及时有效的指导。

小组合作过程中，除了事先宣布合作规则外，在很多情况下，教师必须对各个小组的合作学习进行现场的观察和介入，为他们提供及时有效的指导。

例如小组活动开展得非常顺利时，教师应及时给予表扬；当学生对小组任务不清楚时，教师要有耐心地反复说明；小组讨论的声音过大，教师可以抽取小组中的一人做噪音监督员；小组活动出现问题时，教师应及

时进行干预和指导；小组提前完成任务时，教师应检验他们是否正确完成了任务；小组讨论偏离主题或讨论一时受阻时，教师应及时发现，及时制止，或及时点拨，使小组讨论顺利开展。

总之，"独学而无友，则孤陋而寡闻"。有效地开展小组合作学习，对学生来说获得的就不仅仅是学科知识，还有语言表达能力的提高、组织管理能力的提高、评价能力的提高，以及在合作学习中潜移默化地学会如何与他人进行合作和交流，从而促使一个人的综合素质的提升。

48. 如何帮助学生积累活动经验?

在日常教学中,教师们经常问自己怎样才能更好地帮助学生积累活动经验。数学基本活动经验是个体经历数学活动之后所积淀的内容,它既有个体针对有关数学活动的感觉、知觉到的那些直接经验,也有个体经过不同程度的自我反省而提炼出来的个体知识,具体表现在基本的几何操作经验,基本的数学思维活动经验,发现问题、提出问题、分析解决问题的经验以及思考的经验等方面。

数学基本活动经验的积累依赖于数学活动的组织,而数学活动经验需要联系实际生活经验,在"做"中学,学而善思,慧思广行的数学学习活动过程中逐步积累。具体而言,可以从以下几个方面帮助学生不断积累数学活动经验。

第一,从现实生活入手,帮助学生积累数学观察经验。

让学生在生活经验的基础上,通过主动参与学习的过程,不断积累起观察经验、操作经验,为学生课堂学习奠定重要的经验基础,尤其对于低年级学段的学生而言,更应如此。学生并不是入学后才接触数学,也不只是在学校中才接触数学。譬如,他们在入学前玩过各种形状的积木,能够对长宽、大小、轻重有一定的感性认识。尽管这些生活中的感性认识不够系统甚至是模糊的,但这些原生态的生活经验对于他们的知识建构、理解起着无法替代的作用。

如在认识钟表的学习中，就需要密切联系学生的生活经验。钟表在日常生活中很常见，大部分学生都已见过形形色色的表：时钟、闹钟、手表、电子表等。那么在认识的过程中，对于学生已经非常熟识的事物，除了让学生认真观察，教师还可以通过准备教学用具——带刻度的表盘、1—15 的数字、大小完全相同的长方形或正方形，让学生动手制作他们记忆中的钟表。教师精心的设计和学生自己实践，可有效帮助学生观察、认识到平时可能忽略的一些细节，如钟表的表盘上只有 12 个数字，指针中的细小差异等，而这些观察有利于学生对钟表的学习认知。

第二，从解决问题入手，帮助学生积累问题解决经验。

教师在教学过程中，可以引导学生从已有的解决问题的经验出发，给学生提供充足的时间和空间，促使他们参与、反思、内化，历经数学活动的全过程。通过独立思考、动手实践、合作交流等，探索新的数学知识，解决新的数学问题，从而积累问题解决的经验，并使学生的经验由较浅的层次向较深的层次转化。

如探索学习圆形的面积公式时，教师可以引导学生回忆学过的其他图形（如平行四边形、三角形、梯形等）的面积公式的推导，找出解决这些问题的共同点——转化思想。学生通过 8 等分拼摆，16 等分拼摆，把圆拼摆成近似的平行四边形，此时让学生看一看、说一说、比一比，理解现在所拼出的近似的平行四边形必须通过"以直代曲"才转化为平行四边形。此时引导学生反思：你是怎么想到要把圆等分成扇形的？让学生揭示这个思考和发现的过程，这就是经验的积累。

在接下来的学习中，引导学生思考"怎样使拼成的图形更接近学过的图形"，得到"等分的份数越多，拼出的图形越接近于学过的平行四边形"，然后通过拼摆和多媒体手段共同验证。最后寻找联系——"拼成的平行四边形和原来的圆之间有什么联系"。聚焦平行四边形的底和高与圆有什么联系，讨论出：平行四边形的底相当于圆周长的一半（πr），高相当于圆的半径（r），得到圆的面积 = πr^2。然后引导学生利用已有的经验尝试探索解决新的数学问题。在探索圆的面积公式过程中，将有关的数学现象进行类比、分析、归纳，丰富和发展学生的数学事实材料认知，逐渐建构起规范化、系统化的数学知识。体会转化思想，积累问题解决的经验，既提高了学习效率，又促进了数学活动经验的积累。

第三，从动手操作入手，帮助学生积累思考经验。

教师在教学过程中，应该通过精心设计问题，提供边操作边思考的时间，让学生在动手中观察、发现、调整，经历思维活动的过程，积累思考的经验。

如在《认识除法》的教学中，教师会出示这样的问题："把 12 个苹果放到 3 个盘子里，平均每个盘子放几个？"然后利用 PPT 或教具将这 12 个苹果呈现给学生，让学生动手划分。有的学生会直接把排列整齐的教具分成 3 份，然后直接在每个盘子里放上 4 个苹果。但这并没有实现让学生理解"平均分"含义的目的。这时教师可以把摆放整齐的苹果教具毫无顺序地堆放成一堆并且不给出数量，这样可以通过视觉障碍逼迫学生动手一个一个将苹果放入盘子中，边放边整体观察每个盘子里的苹果是否同样多，进而让学生理解每份同样多就是平均分。操作加深了对"平均分"的理解，操作帮学生积累了看、想、做共同作用的思考经验，这样的过程更能加深学生对"平均分"的理解，这样学生自主探究的活动经验就印象深、记得牢。

总之，积累数学基本活动经验，需要从学生已有的经验开始，让学生经历思考的过程，从中领会和感悟并形成一定的思维模式。这种思维模式的形成将为学生数学学习的历程奠定坚实的基础，这些经验的积累将有助于学生数学直觉能力的形成，这样，当学生遇到一些新的问题或者未知的情景时，凭借这种数学直觉就能作出直观的判断，这种能力对于数学学习来说非常重要。所以帮助学生积累数学活动经验是非常有意义的。

49. 所有的内容都适合自主探究吗？

　　纵观国际教育史，你会发现探究学习并不是新兴的学习方式。19世纪末到20世纪上半叶，杜威及其后继者倡导探究式教学。特点是以儿童的经验为核心，倡导问题解决和主动探究，培养具有科学精神和民主意识的现代公民。1961年，美国芝加哥大学的施瓦布教授在哈佛大学演讲会上作了题为《作为探究的科学教学》的报告，在报告中他指出："如果要学生学习科学的方法，那么有什么学习比通过积极地投入到探究的过程中去更好呢？"他极力主张要积极引导学生像科学家那样进行探究，认为教师应该用探究的方式展现科学知识，学生应该用探究的方式学习科学内容。

　　到底哪些内容适合探究学习呢？其实，在数与代数、空间图形、综合实践等领域中有很多适合探究学习的内容，大概分为以下几类：

　　其一，综合性较强的知识。如：鸡兔同笼、找规律、铺地砖、包装的学问、确定起跑线、粉刷墙壁等。这部分内容可能最适合探究性学习，它们往往是具有现实意义的内容，围绕问题的解决，学生可采用的方式方法也多种多样。在这样的教学活动中，学生经历探索数学的过程，进而理解数学思想方法和提高数学思维能力。

　　如《确定起跑线》一课，教师可以通过一个"问题串"，启动学生思维，引发学生自主探究：

师出示运动场的照片。

师：学校田径运动会刚刚过去。当时400米比赛就要开始的时候，体育老师问了我一个问题："王老师，跑道不同，这个起跑线怎么确定呀？"同学们，什么是起跑线？怎么会有确定起跑线这件事？

生：跑步比赛时，起跑的地方就是起跑线。比赛时每圈跑道的长度不一样，而结束时"撞线"的地方一样，所以起跑的地点不能一样，也就是要确定起跑线。

师：那怎么确定起跑线呀？看心情，还是跟着感觉走？

生：要看每圈的长度是多少，外圈与内圈相差多少，起跑线就要提前多少。

师：要计算各圈跑道长度，你希望知道哪些数据？

生：直道长度、弯道长度。

师：现在图上提供了哪些信息？该怎样计算不同跑道的长度呢？请你先独立思考，计算中可以借助计算器，算好后填进表格。然后和小组成员进行交流。有困难可以随时求助老师或同学。

其二，迁移性较强的知识。如：几何图形的面积和体积计算、两位数乘法、小数加减法、小数除法、分数加减法、分数除法、求比值、比例尺等。这类知识相互关联，解决方式类似，教师可以引导学生借助以前学过的数学思想进行探究。

如《圆的面积》一课，教师可以让学生直面挑战，培养学生"从头到脚地解决问题"的能力，从而培养学生运用转化、极限、以直代曲、度量等方法思考问题，引发学生自主探究：

师：请同学们先想一想，你们打算怎样研究圆面积的求解方法。

学生独立思考。

师：把自己的想法和小组同学交流、讨论。

学生小组讨论。

师：各小组在讨论中有什么问题和困难？

学生交流、回答。

师：同学们已经有了自己的研究方法，可以利用一些学具开始探究。可以独立研究，也可以与有相同想法的同学自由合作。研究的过程中可能会有困难，可以向老师求助。

学生方法展示：

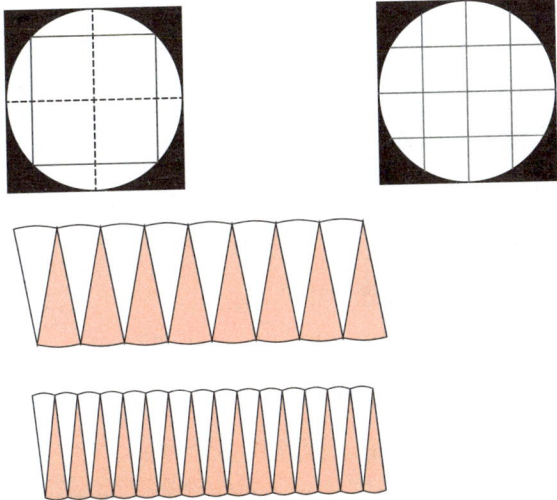

其三，规律性较强的知识。如：加法交换律和结合律、乘法运算定律、商的变化规律，小数、分数、比的性质等知识点，都是可作为探究的内容。这样的探究教学中，教师只需用合适的情境把问题展示出来，不急于抛出结论，让学生自己去发现问题，提出假设，举例验证，总结规律，养成主动探究的意识，掌握探究方法。

如教学《比的基本性质》，由于学生已经学习了"商的基本性质""分数的基本性质"，教师可创设如下数学情境，引发学生的猜想和探究：

出示两组式子：

$6÷8=（6×2）÷（8×2）=12÷16$

$$6 \div 8 = (6 \div 2) \div (8 \div 2) = 3 \div 4$$

$$\frac{6}{8} = \frac{6 \div 2}{8 \div 2} = \frac{3}{4}$$

$$\frac{6}{8} = \frac{6 \times 2}{8 \times 2} = \frac{12}{16}$$

（1）我们昨天刚刚学习了比，今天继续学习有关比的知识。

看到这些式子，你想到什么旧知识，又有什么新想法？

（2）我们的猜想到底成立不成立呢？有什么办法知道呀？

请用自己的方式来验证。

探究学习很有意义，但并非所有内容都适合进行探究学习。奥苏泊尔把学习划分为机械学习和有意义学习。接受学习也是有意义的学习，为什么要完全摒弃呢？有一些教学内容，没有必要也用不着进行探究式学习。

突破传统单一的教学方式，实现学习方式的多样化是本次课改的重点之一。"新课标"在"基本理念"中明确指出，"动手实践、自主探索与合作交流是学生学习数学的重要方式"。探究性学习对常规数学学习模式是一种补充，而不是代替。如果教师在设计一节课时，不考虑知识内容，而简单地从形式出发，片面地追求探究式教学方式，那么"探究学习"将泛滥于课堂。这种不管内容适合不适合探究，学生能不能探究，就执着选择探究的行为，是教学中典型的"削足适履"。究其原因，莫不是颠倒了"教学形式"与"教学内容"的关系。这种"形式至上"的课堂演绎，只会使课堂表面热闹。

正如没有哪一种药是可以包治百病的，同样，也没有哪一种教学法适用于所有内容。在实际教学中，教师要不断研究适合和不适合探究教学的知识内容的特点，摸索规律，总结经验，进而结合具体知识内容和学生特点，选择适合的教学方法，构建促进学生发展的适合的教学方式。

50. 如何解决满足学生活动的需要 与课堂时间有限之间的矛盾?

作为一线教师,我们知道:让学生体验数学探究的活动过程,经历丰富多彩的数学学习活动,可以激发学生的学习兴趣,促进学生的数学发现,进而帮助学生深层次理解数学知识,领悟数学思维方法。但课堂时间是有限的,并不能充分满足学生活动的需要。这就引发了数学课堂上一个亟待解决的问题:如何解决满足学生活动的需要与课堂时间有限之间的矛盾?

这个问题的解决,需要教师们精心选择教学内容、科学规划学习活动,让学生对活动开展的目的、步骤和方法心中有数,进而有步骤、有计划地进行操作。活动完成(或者阶段性完成)之后,教师应带领学生进行总结,领悟活动中蕴含的数学知识与规律,尤其要揭示隐含的数学思想方法,让学生真正有所提高。

当然,即使再精心的设计,也有可能在实施过程中出现时间不够用的现象,怎么办?这时就需要进行删减。如何删减,对于教师来说是难点。这就要依据这节课的学习目标、教学重点、学生认知难点来进行教学时间的安排,删减不必要的程序性环节,将时间花在数学的亮点、认知的难点上以实现在有限的时间内解决主要问题。

案例：人教版三年级下册《面积》教学设计

一、创设比赛情境——感受物体表面的大小，初步感知面积

（1）画一画，剪一剪，涂一涂，比一比。

①游戏一：按照"这片"树叶的形状把它画在纸上，画完后剪下来。

②游戏二：在剪好的叶片上涂满颜色，比一比看谁的动作最快。

提出问题：为什么这个同学涂颜色涂得最快？（他的树叶小）你们是怎么比较出这些树叶谁大谁小的？

小结：刚才，我们通过画一画、剪一剪、涂一涂、比一比的小游戏，感受到树叶的表面是有大有小的。

（2）摸一摸，比一比。

①摸一摸数学书的封面、课桌的桌面，并比较它们的大小。

②比较桔子表面和树叶表面的大小。

小结：看来物体的表面无论是平面还是曲面，都是有大有小的。

二、让学生动手实践，感受图形的大小，体验比较策略的多样性

（1）直观比较图形大小。

出示课件，提出问题：比一比，几号图形大？

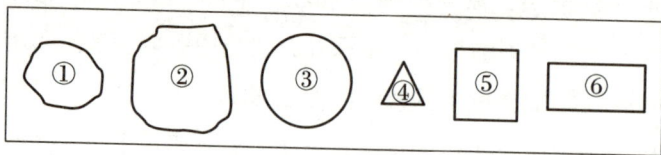

（2）通过动手操作，感知图形面积的大小，体验策略的多样性。

①学生活动。

要求：先自己想一想怎样来比较。再看看手中的学具，能不能帮助自己比较它们的大小。

②交流汇报。

A.剪拼法　B.摆硬币　C.摆小正方形　D.方格纸测量　E.画格法

③比较不同方法，体会建立统一面积单位的必要性。

提问：这几种方法有什么共同点？

（3）揭示面积的意义。

通过比较，我们发现了图形也是有大小的。

物体表面的大小或图形的大小，就是它们的面积。

（4）回顾。

树叶的边线的长度是树叶的周长，树叶表面的大小是树叶的面积。

本节课的学习目标和教学重点是理解什么是面积，即物体表面的大小或图形的大小，就是它们的面积。难点在于区分周长和面积，体会建立统一面积单位的必要性。

教学中通过画一画、剪一剪、涂一涂、比一比的小游戏，感受到树叶的表面是有大有小的。通过摸一摸、比一比，让学生动手实践，感受图形的大小，直指概念的核心内涵——面的大小。以往教学设计中，关注点在找面，用去了不少时间。这节课，从关注面的大小，关注图形里面的大小，已经在慢慢走向度量，进而从面的大小需要用到单位，引出面积单位的认识。本节课的时间主要放在了"学生对面积的体验和度量上"，体现了教师对"满足学生活动的需要与课堂时间有限"这一矛盾的处理。

除了删减不必要的程序性环节以外，还要依据学生原有的认知水平删减教师认为"重要"的教学环节。如在计算教学中，理清算理是关键，教师常利用模型来帮助学生理解算理，需要注意的是，并不是所有的新授环节均需要借助模型的。

如人教版三年级下册《退位减法》一课，教师在教学时就不一定非要借助小棒等模型来帮助学生理清三位数减法的算理。因为本节课是在学生学习了两位数减法以及个位是0的三位数减法的基础上进行学习的，它是学习整数减法的最后一课，在此之前学生经历过多次借助模型理清算理的过程，大多数学生已经完全可以脱离模型来讲清算理，当然个别学生可能

第二辑 · 如何选择教学方式

209

存在困难，对于这部分学生教师可以把模型放在验证环节，不必让每一位学生再次经历借助模型理解算理这一过程。本节课的重点是要让他们发现竖式计算的过程与口算过程的联系，找到竖式中每一步对应的口算，明白竖式计算的简洁性，即把多位数的减法都转化成了 20 以内的减法，从而对竖式计算加减法有更深的认识。

总之，教师要根据数学学习内容的需要和儿童的思维发展水平的需要，来设计数学活动，并合理组织学生参与，活动后及时、恰当地进行总结提升，才能让活动发挥实际效果。在教学中，不要为了活动而活动，避免浅思维层次的动手活动，让学生在教师的引导下，在活动中自主地体验、探究、发现，可以节省教学时间，提高数学教学效率。

书稿几经磨砺终于完成了！凝神回眸，激动与喜悦、感动与幸福，过程的艰辛以及对所有参与者、支持者、帮助者的感激一起涌上心头。

这本书记录了我们筛选问题—聚焦问题—解答问题的全过程，突出了以理念为引领，以课例诠释为载体，期望让教师们在反思中获得经验的积累和建构。

2015年的初冬，我带领"吴正先小学数学教师工作站"的队员开启了第一次书稿讨论会，会上我讲述了撰写该书的初衷。接下来开始了调查研究，收集问题，制订方案。在调查中我们发现，以往的教师培训中，一线教师面对新课改提出了一些困惑与疑问，但由于每次培训时间有限，对教师们提出的问题不能一一作出详细解读，不能解教师们燃眉之急。如何满足一线教师的学习需求呢？于是我们收集了问题，并精心分类整理，希望编写一本一线教师真正需要的教学建议书籍，能够解决教师在实践中的真问题。基于此，我们决定从"教材、学生和教学方式"三方面入手，对问题进行分类。从书稿问题的讨论、修改到具体问题的回答、案例的精选，大家共同努力，后经我和编辑的审阅，最终有了这本书的诞生。

对于教学问题的回答，实际上也是在帮助参与撰写的教师们梳理自己教学的经验，提升团队教师对教学实践的反思能力。梳理问题的过程，增强了教师对于教材的把握、学生的认识以及教学方式方法的思考，促其更好地将理论与实践巧妙对接，深刻体会用理论指导自己的实践，可以让实践有深度；用实践诠释理论，可以让理论不再神秘，努力做到深入浅出。

此书的编写要感谢专家给予的热情支持和专业引领；感谢任红瑚编辑的精心设计；感谢我的同事刘延革老师的悉心组织与努力付出；感谢王蕙和王来田老师为此书做的大量工作；感谢参与编写的每一位老师。汇聚了大家的智慧与付出，才有了该书的出版。

由于我们的认识和水平有限，书中有不妥之处，欢迎各位读者在阅读的过程中提出您宝贵的意见。

吴正宪

图书在版编目（CIP）数据

吴正宪答小学数学教学 50 问／吴正宪等编著 .—上海：华东师范大学出版社，2017

ISBN 978 - 7 - 5675 - 6149 - 6

Ⅰ.① 吴 … Ⅱ.① 吴 … Ⅲ.① 小学数学课—教学研究—问题解答 Ⅳ.①G623.502-44

中国版本图书馆 CIP 数据核字（2017）第 029776 号

大夏书系·吴正宪教育教学文丛

吴正宪答小学数学教学 50 问

编　　著	吴正宪　刘延革 等
策划编辑	任红瑚
审读编辑	张思扬
封面设计	王晓蕾

出版发行	华东师范大学出版社
社　　址	上海市中山北路 3663 号　邮编　200062
网　　址	www.ecnupress.com.cn
电　　话	021 - 60821666　行政传真　021 - 62572105
客服电话	021 - 62865537
邮购电话	021 - 62869887　地址　上海市中山北路 3663 号华东师范大学校内先锋路口
网　　店	http://hdsdcbs.tmall.com

印 刷 者	北京密兴印刷有限公司
开　　本	700×1000　16 开
插　　页	1
印　　张	14
字　　数	193 千字
版　　次	2017 年 11 月第一版
印　　次	2023 年 7 月第十一次
印　　数	36 101-39 100
书　　号	ISBN 978 - 7 - 5675 - 6149 - 6/G·10122
定　　价	45.00 元

出 版 人	王焰

（如发现本版图书有印订质量问题，请寄回本社市场部调换或电话 021-62865537 联系）